Ontdek gratis online spelletjes

Hier verkrijgbaar:

BestActivityBooks.com/FREEGAMES

5 TIPS OM TE BEGINNEN!

1) HOE OP TE LOSSEN

De Puzzels zijn in een Klassiek Formaat:

- Woorden worden verborgen zonder pauzes (geen spaties, streepjes, ...)
- Oriëntatie: Voorwaarts & Achterwaarts, Boven & Beneden of in Diagonaal (kan in beide richtingen)
- Woorden kunnen elkaar overlappen of kruisen

2) ACTIEF LEREN

Naast elk woord is een spatie voorzien om de vertaling te noteren. Om actief te leren vindt u een **WOORDENBOEK** aan het einde van deze editie om uw kennis te controleren en uit te breiden. U kunt elke vertaling opzoeken en opschrijven, de woorden in de puzzel vinden en ze vervolgens aan uw woordenschat toevoegen!

3) TAG JE WOORDEN

Hebt u al geprobeerd een labelsysteem te gebruiken? U zou bijvoorbeeld de woorden die moeilijk te vinden waren kunnen markeren met een kruis, de woorden die u leuk vond met een ster, nieuwe woorden met een driehoek, zeldzame woorden met een ruit enzovoort...

4) ORGANISEER UW LEREN

Wij bieden ook een handig **NOTITIEBOEKJE** aan het eind van deze uitgave. Of u nu op vakantie, op reis of thuis bent, u kunt uw nieuwe kennis gemakkelijk ordenen zonder dat u een tweede notitieboek nodig hebt!

5) AFGESLOTEN?

Ga naar de bonussectie: **FINAAL UITDAGING** om een gratis spel te vinden dat aan het einde van deze editie wordt aangeboden!

Wil je meer leuke en leerzame activiteiten? Het is **Snel en Eenvoudig!** Een hele collectie spelboeken slechts **één klik verwijderd!**

Vind uw volgende uitdaging bij:

BestActivityBooks.com/MijnVolgendeBoek

Klaar... Start!

Wist u dat er zo'n 7000 verschillende talen in de wereld zijn? Woorden zijn kostbaar.

We houden van talen en hebben hard gewerkt om de boeken van de hoogste kwaliteit voor u te maken. Onze ingrediënten?

Een selectie van onmisbare leerthema's, drie grote plakken plezier, dan voegen we er een lepel moeilijke woorden en een snuifje zeldzame woorden aan toe. We serveren ze met zorg en een maximum aan verrukking, zodat je de beste woordspelletjes kunt oplossen en veel plezier beleeft aan het leren!

Uw feedback is essentieel. U kunt een actieve bijdrage leveren aan het succes van dit boek door een recensie achter te laten. Vertel ons wat u het meest beviel in deze editie!

Hier is een korte link die u naar uw bestelpagina brengt:

BestBooksActivity.com/Recensies50

Bedankt voor uw hulp en veel plezier met het spel!

Linguas Classics

1 - Metingen

```
N Q V O L U M E G K K P C N
D K I L O M È T R E I R E H
Z É E N L Q W I A L L O N A
A D C P P V Y Y M O O F T U
G A M I N U T E M N G O I T
D H A X M È T R E G R N M E
O K T E D A N J S U A D È U
Q M A H Y K L L D E M E T R
N O N C E E I D A U M U R H
P I N T E T T O Z R E R E J
O O H U G O R C H G G Z K P
U F I D U N E T Y Q X E M O
C T J D E N S E Q O I M U U
E M A S S E N T X I A J A R
```

LARGEUR	KILOMÈTRE
OCTET	LONGUEUR
CENTIMÈTRE	LITRE
DÉCIMAL	MASSE
PROFONDEUR	MÈTRE
POIDS	MINUTE
GRAMME	ONCE
HAUTEUR	PINTE
POUCE	TONNE
KILOGRAMME	VOLUME

2 - Keuken

```
B T G B E I W U N B W C K K
A G A J T V D Y P O T O L Y
G U R B O L Q G O U M U A N
U A F I L S E R V I E T T E
E G R D L I C H É L C E E N
T A S S E S E T P L R A P O
T E F U G O O R I O U U G U
E O N T L A W W C I C X W R
S R R É P O N G E R H D K R
C U I L L È R E S E E F S I
U O O L O U C H E D I O C T
R É F R I G É R A T E U R U
R E C E T T E C P S I R G R
F O U R C H E T T E S E A E
```

TASSES   LOUCHE
BAGUETTES   POT
GRIL   RECETTE
BOUILLOIRE   TABLIER
RÉFRIGÉRATEUR   SERVIETTE
BOL   ÉPICES
CRUCHE   ÉPONGE
CUILLÈRES   NOURRITURE
COUTEAUX   FOURCHETTES
FOUR

3 - Boten

```
V  M  O  T  E  U  R  O  C  É  A  N  X  Z
O  A  E  C  B  B  J  X  W  U  C  D  E  M
I  R  Q  R  B  O  W  N  V  D  K  L  A  C
L  I  V  D  Z  U  I  L  N  I  Z  A  N  E
I  T  Q  L  E  É  T  Q  Z  P  C  S  C  J
E  I  L  F  L  E  U  V  E  Y  A  Z  R  M
R  M  C  O  R  D  E  F  V  W  N  D  E  D
Y  E  D  O  C  K  A  Y  A  K  O  J  N  J
G  A  I  M  C  R  V  K  M  H  Ë  U  P  X
P  Z  C  X  S  A  N  A  U  T  I  Q  U  E
E  W  T  H  A  D  C  K  G  S  H  L  M  X
C  I  H  K  T  E  M  Â  T  U  Y  X  T  K
G  S  I  F  R  A  M  K  F  F  E  R  R  Y
X  O  Q  É  Q  U  I  P  A  G  E  S  S  A
```

ANCRE	LAC
ÉQUIPAGE	MOTEUR
BOUÉE	NAUTIQUE
DOCK	OCÉAN
VAGUES	FLEUVE
YACHT	CORDE
KAYAK	FERRY
CANOË	RADEAU
MARITIME	MER
MÂT	VOILIER

4 - Chocolade

```
P B N R E O C V N U X T E G
E O L D O N L X J G D U J O
X N U K N K V D O U X E C Û
O B A D D É L I C I E U X T
T O R C R Y I R E U W Y V T
I N Ô A M E N Q E P E V H C
Q W M L G I G O Q C V V H A
U S E O U K R X V K E D K R
E W R R W J É F W N H T U A
N U O I Y U D S U C R E T M
M R R E Z G I O G P X I W E
P Q R S V X E A M E R V A L
F A V O R I N Q U A L I T É
C A C A O M T B Z M E H Z W
```

ARÔME	QUALITÉ
AMER	POUDRE
CACAO	RECETTE
CALORIES	GOÛT
EXOTIQUE	BONBON
FAVORI	SUCRE
DÉLICIEUX	ENVIE
INGRÉDIENT	DOUX
CARAMEL	

5 - Tijd

```
P  P  F  H  E  U  R  E  F  G  M  I  D  I
V  G  A  U  J  O  U  R  D  H  U  I  V  U
S  O  J  V  T  Z  B  K  X  D  A  L  M  N
I  Y  X  V  C  U  E  A  R  N  N  W  X  Y
È  M  O  I  S  S  R  P  H  R  N  S  U  V
C  A  L  E  N  D  R  I  E  R  É  E  H  O
L  D  M  I  N  U  T  E  M  X  E  M  O  V
E  É  E  M  U  Z  Y  S  M  T  W  A  R  A
J  C  V  M  T  B  F  B  A  B  X  I  L  P
O  E  B  O  A  L  V  H  T  N  G  N  O  R
U  N  L  R  X  I  E  I  I  T  N  E  G  È
R  N  K  Y  C  O  N  E  N  N  U  U  E  S
R  I  G  U  R  B  E  R  J  X  I  E  E  R
H  E  R  B  D  L  O  I  K  S  T  Z  D  L
```

JOUR	MINUTE
DÉCENNIE	DEMAIN
SIÈCLE	APRÈS
HIER	NUIT
ANNÉE	MATIN
ANNUEL	FUTUR
CALENDRIER	HEURE
HORLOGE	AUJOURD'HUI
MOIS	SEMAINE
MIDI	

6 - Meditatie

```
M É Q P B O A W H S C M A G
E V I G O Y N T X I L O T R
N E C E N S A N F L A U T A
T I M N H E T Q E E R V E T
A L X T E J U U E N T E N I
L L B I U L R P R C É M T T
É É G L R K E A M E I E I U
M K M L J D P P M T W N O D
O B S E R V A T I O N T N E
T C J S T G I M U S I Q U E
I L N S H E X P E N S É E S
O Q P E R S P E C T I V E S
N A C C E P T A T I O N P A
S R E S P I R A T I O N P B
```

<table>
<tr><td>

ATTENTION
ACCEPTATION
RESPIRATION
MOUVEMENT
GRATITUDE
ÉMOTIONS
PENSÉES
BONHEUR
CLARTÉ
POSTURE

</td><td>

MENTAL
MUSIQUE
NATURE
OBSERVATION
PERSPECTIVE
SILENCE
PAIX
GENTILLESSE
ÉVEILLÉ

</td></tr>
</table>

7 - Zomer

```
H  É  V  D  M  C  A  M  P  I  N  G  U  E
G  J  T  O  W  J  V  Q  L  O  I  S  I  R
M  E  R  O  Y  R  N  G  O  V  S  V  B  M
U  U  J  L  I  A  A  H  N  B  T  A  S  I
S  X  F  E  I  L  G  W  G  R  M  C  Z  I
I  J  L  S  K  V  E  E  É  A  I  A  X  H
Q  A  D  F  Y  R  R  S  E  K  Y  N  K  U
U  R  S  A  K  X  Q  E  I  E  X  C  J  D
E  D  T  M  J  O  I  E  S  R  P  E  Q  C
Y  I  S  I  F  A  M  I  L  L  E  S  O  R
M  N  R  S  R  E  L  A  X  A  T  I  O  N
S  A  N  D  A  L  E  S  P  L  A  G  E  N
J  G  S  N  O  U  R  R  I  T  U  R  E  F
K  U  Q  Q  O  Y  K  H  W  R  N  P  N  H
```

LIVRES	PLAGE
PLONGÉE	JARDIN
FAMILLE	VACANCES
JEUX	NOURRITURE
CAMPING	JOIE
MUSIQUE	AMIS
RELAXATION	LOISIR
VOYAGE	MER
SANDALES	NAGER
ÉTOILES	

8 - Vogels

```
Y  E  W  H  O  C  N  K  G  O  C  D  M  H
C  Y  G  N  E  E  Q  N  Y  M  O  G  A  W
U  J  O  A  U  D  U  Q  L  B  U  T  N  W
P  É  L  I  C  A  N  F  N  N  C  O  C  K
Z  O  A  M  O  U  E  T  T  E  O  U  H  W
E  U  U  N  R  R  H  J  P  C  U  C  O  F
M  I  C  L  B  P  Q  É  E  I  M  A  T  L
L  C  A  C  E  S  A  B  R  G  O  N  C  A
Q  E  O  O  A  T  L  A  R  O  I  E  A  M
X  R  G  L  U  R  K  R  O  G  N  N  N  A
H  I  B  O  U  F  R  J  Q  N  E  F  A  N
H  Q  S  M  P  A  O  N  U  E  A  A  R  T
Z  N  E  B  E  X  Q  V  E  Q  U  E  D  D
E  Y  W  E  V  D  A  U  T  R  U  C  H  E
```

COLOMBE	CIGOGNE
CANARD	PERROQUET
OEUF	PAON
FLAMANT	PÉLICAN
OIE	MANCHOT
POULET	HÉRON
COUCOU	AUTRUCHE
CORBEAU	TOUCAN
MOUETTE	HIBOU
MOINEAU	CYGNE

9 - Behoud

```
É A N H R É D U I R E M B D
D R A A C C R E D E J P É U
U W T B L O G P R W A S N R
C O U I I S A N T É H U É A
A R R T M Y C X M S K C V B
T G E A A S C E R D M F O L
I A L T T U Y D L F V L E
O N Q V K È U O C F P E E P
N I U B H M J N K L T R A B
T Q S T X E W K X J E T D X
L U R E C Y C L E R P M Q Z
I E P O L L U T I O N C D B
C H A N G E M E N T S J B I
P E S T I C I D E Z J Q D B
```

DURABLE	ORGANIQUE
ÉCOSYSTÈME	PESTICIDE
CYCLE	RECYCLER
SANTÉ	CHANGEMENTS
VERT	RÉDUIRE
HABITAT	POLLUTION
CLIMAT	BÉNÉVOLE
NATUREL	EAU
ÉDUCATION	

10 - Wiskunde

```
U  L  E  T  F  A  D  I  A  M  È  T  R  E
W  K  X  R  K  R  É  I  K  C  A  R  R  É
X  K  P  I  X  I  A  Q  V  O  L  U  M  E
H  Q  O  A  C  T  X  C  U  I  V  J  H  R
I  H  S  N  P  H  Q  I  T  A  S  P  A  R
S  S  A  G  C  M  C  Z  Z  I  T  I  G  R
P  O  N  L  R  É  D  O  K  N  O  I  O  D
H  M  T  E  C  T  R  R  D  V  V  N  O  N
È  M  D  É  C  I  M  A  L  R  S  B  M  N
R  E  K  D  K  Q  S  Y  M  É  T  R  I  E
E  Z  O  F  P  U  P  O  L  Y  G  O  N  E
G  V  J  U  Z  E  A  N  G  L  E  S  L  C
R  E  C  T  A  N  G  L  E  C  P  X  Y  J
C  I  R  C  O  N  F  É  R  E  N  C  E  Y
```

SPHÈRE	RECTANGLE
DÉCIMAL	ARITHMÉTIQUE
DIAMÈTRE	SOMME
DIVISION	RAYON
TRIANGLE	SYMÉTRIE
EXPOSANT	POLYGONE
FRACTION	ÉQUATION
ANGLES	CARRÉ
CIRCONFÉRENCE	VOLUME

11 - Camping

```
M V F U F E U K B C H I W L
O A O O J B J W O H A X R U
N L R N A T U R E A M R T N
T A Ê B L E F I R P A N T E
A N T D R Z N M R E C N P E
G T U Z D E Y B G A M P A Q
N E H C H A S S E U Z K R Q
E R B A F E U Z C C A L I V
L N I N S E C T E O N J A L
R E T O H C A G Q R I F G C
B K M Ë U C B Z O D M W U M
D L K R T J I M F E A U G S
Y T E N T E N B I I U P J G
L V Q J C S E G P Y X C D I
```

MONTAGNE	CHASSE
ARBRES	CARTE
FORÊT	CANOË
FEU	LANTERNE
CABINE	LUNE
ANIMAUX	LAC
HAMAC	NATURE
CHAPEAU	TENTE
INSECTE	CORDE

12 - Activiteiten

```
A T M F C O U T U R E A A P
C É R A M I Q U E J X R R U
T O C A M P I N G J O T T Z
I J M Z U T L O I S I R I Z
V A A P C R C H A S S E S L
I R G I É B G P Q C L L A E
T D I U G T L E J K P A N S
É I E D T C E I H D L X A B
U N M A G A C N B G A A T N
Z A O N U O T T C R I T B I
O G T S G G U U G E S I Z Q
E E B E L N R R Z E I O I U
P Ê C H E S E E P Q R N F P
P H O T O G R A P H I E S V
```

ACTIVITÉ	MAGIE
ARTISANAT	COUTURE
DANSE	RELAXATION
PHOTOGRAPHIE	PLAISIR
PÊCHE	PUZZLES
CHASSE	PEINTURE
CAMPING	JARDINAGE
CÉRAMIQUE	COMPÉTENCE
ART	LOISIR
LECTURE	

13 - Vormen

```
B L C P R I S M E U V T L O
V X Ô O O C O U R B E R I S
H L T Y E L N X O C N I G K
R Y É A X V Y R H Ô Q A N K
E S P H È R E G Z N E N E C
C C C E F G H W O E H G C E
T N Y Q R C U B E N D L E R
A B L B O B U H K Z E E T C
N D I N N O O V A L E M W L
G M N T D R E L J C C E K E
L V D K X D F T E J V M L B
E O R A N S K S C A R R É S
Y G E J J F C O I N R G D L
U C P Y R A M I D E S C K V
```

SPHÈRE	CUBE
ARC	LIGNE
CYLINDRE	OVALE
CERCLE	PYRAMIDE
COURBE	PRISME
TRIANGLE	BORDS
COIN	RECTANGLE
HYPERBOLE	ROND
CÔTÉ	POLYGONE
CÔNE	CARRÉ

14 - Astronomie

```
H  X  Y  N  P  G  I  R  I  É  T  A  O  O
S  A  T  E  L  L  I  T  E  T  E  S  B  C
L  A  Q  I  A  F  Z  I  V  O  R  T  S  U
A  U  D  Z  N  T  P  U  K  I  R  É  E  N
C  S  N  A  È  G  F  P  B  L  E  R  R  I
O  G  T  E  T  Z  Z  Y  Q  E  N  O  V  V
S  L  J  R  E  Z  M  N  X  X  É  Ï  A  E
M  V  I  C  O  M  È  T  E  T  B  D  T  R
O  É  Q  U  I  N  O  X  E  M  U  E  O  S
S  H  F  D  L  E  A  N  F  M  L  Z  I  B
M  É  T  É  O  R  E  U  S  Z  E  R  R  Y
F  U  S  É  E  Z  U  G  T  Z  U  P  E  B
A  S  T  R  O  N  O  M  E  E  S  T  B  A
U  B  T  É  L  E  S  C  O  P  E  A  J  U
```

TERRE	NÉBULEUSE
ASTÉROÏDE	OBSERVATOIRE
ASTRONAUTE	PLANÈTE
ASTRONOME	FUSÉE
ÉQUINOXE	SATELLITE
COMÈTE	ÉTOILE
COSMOS	TÉLESCOPE
LUNE	UNIVERS
MÉTÉORE	

15 - Emoties

```
A C R P E U R E L I E F V S
M O E C O L È R E C H Q H Y
O N C Q L N D É T E N D U M
U T O C A L M E F H K H G P
R E N N U I N W Q D O A A A
M N N E X C I T É Q I D D T
H U A T E N D R E S S E O H
J O I E M B A R R A S S É I
V N S G N C M Q R L P M K E
T T S X L J E L Q E H A Z M
T R A N Q U I L L I T É I H
F K N S U R P R I S E K D X
P A T R I S T E S S E R C A
U Q W B B S A T I S F A I T
```

PEUR	TRANQUILLITÉ
EMBARRASSÉ	SYMPATHIE
RECONNAISSANT	TENDRESSE
TRISTESSE	SATISFAIT
CONTENU	SURPRISE
CALME	ENNUI
AMOUR	PAIX
DÉTENDU	JOIE
EXCITÉ	COLÈRE
RELIEF	

16 - Vakantie #2

```
R  C  A  R  X  É  P  P  G  R  B  P  D  A
Î  L  E  É  Q  P  T  L  L  O  I  S  I  R
Z  J  U  J  R  G  B  R  Y  A  B  U  T  J
Z  L  P  Z  X  O  T  H  A  X  G  X  E  C
T  A  X  I  H  M  P  J  Q  N  R  E  N  T
V  C  A  R  T  E  V  O  Y  A  G  E  T  U
A  T  R  A  I  N  L  K  R  X  R  E  E  H
C  S  G  U  P  K  H  L  Y  T  U  E  R  Q
A  M  E  R  K  K  Ô  C  A  M  P  I  N  G
N  P  I  D  E  S  T  I  N  A  T  I  O  N
C  O  B  G  S  Z  E  V  M  K  L  G  V  W
E  Z  G  K  E  X  L  I  H  L  N  I  O  Z
S  O  Q  Y  K  P  A  S  S  E  P  O  R  T
N  J  Y  R  E  S  T  A  U  R  A  N  T  U
```

DESTINATION	RESTAURANT
ÉTRANGER	PLAGE
ÎLE	TAXI
HÔTEL	TENTE
CARTE	TRAIN
CAMPING	VACANCES
AÉROPORT	VISA
PASSEPORT	LOISIR
VOYAGE	MER

17 - Weersomstandigheden

N	O	J	M	O	N	T	C	C	S	V	S	K	G
N	T	D	O	G	F	V	O	L	H	C	I	E	L
B	S	W	U	K	F	C	C	N	I	O	V	K	A
F	É	L	S	U	R	J	I	F	N	M	H	Y	C
J	C	W	S	L	V	A	I	B	M	E	A	P	E
T	H	H	O	S	M	É	C	L	A	I	R	T	D
B	E	U	N	T	O	R	N	A	D	E	Q	R	L
O	R	M	B	R	O	U	I	L	L	A	R	D	E
U	E	I	P	O	L	A	I	R	E	Q	B	F	N
R	S	D	F	Ê	T	R	O	P	I	C	A	L	U
A	S	E	P	L	T	Q	N	G	C	V	Z	N	A
G	E	T	A	R	C	E	N	C	I	E	L	D	G
A	T	M	O	S	P	H	È	R	E	K	X	W	E
N	F	O	X	K	J	V	E	N	T	Z	C	G	J

ATMOSPHÈRE	OURAGAN
ÉCLAIR	POLAIRE
TONNERRE	ARC-EN-CIEL
SÉCHERESSE	TEMPÊTE
CIEL	TORNADE
GLACE	TROPICAL
CLIMAT	HUMIDE
BROUILLARD	VENT
MOUSSON	NUAGE

18 - Strand

```
N  N  M  A  Z  S  A  B  L  E  T  C  M  J
A  G  P  A  P  A  R  A  P  L  U  I  E  R
G  N  V  Y  U  N  G  U  K  N  B  Î  R  X
E  S  S  O  P  D  Z  W  C  N  L  Q  L  S
R  D  K  Z  I  A  D  S  O  L  E  I  L  E
C  O  Q  U  I  L  L  E  S  A  U  J  W  R
O  C  É  A  N  E  I  F  A  G  K  M  Y  V
V  K  N  P  K  S  A  E  E  U  L  T  P  I
Q  U  B  R  É  C  I  F  R  N  R  M  W  E
Z  V  A  C  A  N  C  E  S  E  R  P  K  T
C  Ô  T  E  C  R  A  B  E  R  P  A  H  T
G  E  E  T  D  U  E  O  F  Y  K  B  Z  E
Z  W  A  Z  Q  S  C  P  H  G  D  R  L  K
D  H  U  Q  T  G  L  Z  Y  D  W  T  B  E
```

BLEU	RÉCIF
BATEAU	SANDALES
DOCK	COQUILLES
ÎLE	VACANCES
SERVIETTE	SABLE
CRABE	MER
CÔTE	VOILIER
LAGUNE	SOLEIL
OCÉAN	NAGER
PARAPLUIE	

19 - Eten #2

```
J T K T T B L É C L T X K B
D X D A O R A D H H S W B A
R K A Q M O P O I S S O N N
R I Z J A C R A I S I N X A
O E U F T O P F T W Y X C N
S Q M W E L J A M B O N F E
P O M M E I X K I U B Z R U
A S P E R G E S I N E Q O P
A Z P O U L E T I W K P M Ê
M N Y A O U R T D A I M A C
A C A Z D L V T C X P H G H
N P A N A U B E R G I N E E
D M M T A S V O M H S Q B R
E E H M O S H S Z O C V G M
```

AMANDE	JAMBON
ANANAS	FROMAGE
POMME	POULET
ASPERGES	KIWI
AUBERGINE	PÊCHE
BANANE	RIZ
BROCOLI	BLÉ
PAIN	TOMATE
RAISIN	POISSON
OEUF	YAOURT

20 - Klimmen

```
M  K  G  G  V  F  O  Q  M  F  W  B  E  O
T  M  R  A  N  D  O  N  N  É  E  L  Y  P
T  V  O  I  N  P  N  V  O  I  J  E  G  H
V  N  T  Q  O  T  G  U  I  D  E  S  L  Y
B  O  T  T  E  S  S  S  F  P  B  S  K  S
W  G  E  A  L  T  I  T  U  D  E  U  E  I
D  S  T  A  B  I  L  I  T  É  Q  R  X  Q
C  É  C  A  R  T  E  X  E  J  L  E  P  U
O  A  F  A  X  F  É  T  R  O  I  T  E  E
H  K  S  I  B  O  Y  M  R  L  J  D  R  N
U  P  K  Q  S  R  C  Z  A  U  L  X  T  W
V  K  D  P  U  C  U  R  I  O  S  I  T  É
M  B  B  Y  G  E  M  D  N  Q  C  L  O  D
A  T  M  O  S  P  H  È  R  E  Z  T  S  H
```

ATMOSPHÈRE	FORCE
EXPERT	BOTTES
PHYSIQUE	BLESSURE
GUIDES	CURIOSITÉ
GROTTE	ÉTROIT
GANTS	STABILITÉ
CASQUE	TERRAIN
ALTITUDE	DÉFIS
CARTE	RANDONNÉE

21 - Restaurant #1

```
É  V  I  A  N  D  E  A  X  D  A  S  P  C
P  I  S  I  J  Y  M  P  O  U  L  E  T  A
I  S  H  E  N  S  I  A  Q  Q  L  R  A  I
C  A  F  É  R  G  Q  I  Y  B  E  V  R  S
É  U  O  L  C  V  R  N  Z  B  R  E  É  S
W  C  Z  O  F  O  I  É  K  A  G  U  S  I
D  E  S  S  E  R  T  E  D  B  I  S  E  E
O  L  P  L  Y  F  F  H  T  I  E  E  R  R
M  F  K  A  S  S  I  E  T  T  E  O  V  B
G  E  E  V  J  A  P  E  J  J  E  N  A  O
Z  P  N  C  O  U  T  E  A  U  W  R  T  L
M  Q  C  U  I  S  I  N  E  X  H  X  I  S
N  O  U  R  R  I  T  U  R  E  K  N  O  X
M  G  I  F  L  P  I  B  R  L  E  W  N  O
```

ALLERGIE	COUTEAU
ASSIETTE	ÉPICÉ
PAIN	RÉSERVATION
INGRÉDIENTS	SAUCE
CAISSIER	SERVEUSE
CUISINE	SERVIETTE
POULET	DESSERT
CAFÉ	VIANDE
BOL	NOURRITURE
MENU	

22 - Geologie

```
C A L C I U M E O Q H P G S
O C L L P Z N E N B V L I T
R I A R A U P D O F C A M A
A D Y X J Y P I S I A T I L
I E F O S S I L E C V E N A
L Y Y X O T Z A L R E A É C
A T J K Q F O V C I R U R T
É R O S I O N E Q S N E A I
C O N T I N E N T T E C U T
K O V O L C A N F A I A X E
H O U N W E K F Q U A R T Z
N Y M C T K R F U X I J O B
C L O C H G E Y S E R M G I
F O N D U E C G F Y K O E G
```

CALCIUM	COUCHE
CONTINENT	LAVE
ÉROSION	MINÉRAUX
FOSSILE	PLATEAU
GEYSER	STALACTITE
FONDU	PIERRE
CAVERNE	VOLCAN
CORAIL	ZONE
CRISTAUX	SEL
QUARTZ	ACIDE

23 - Specerijen

```
I  C  G  O  C  A  R  D  A  M  O  M  E  T
S  U  I  A  T  O  C  A  N  N  E  L  L  E
A  M  N  M  N  V  R  V  A  N  I  L  L  E
M  I  G  E  G  I  M  I  T  S  M  Z  J  A
U  N  E  R  U  V  S  S  A  F  R  A  N  I
S  S  M  D  O  U  X  H  S  N  G  D  E  L
C  A  B  U  I  S  G  A  E  F  D  V  W  F
A  V  R  D  G  Z  Q  I  L  E  F  R  L  E
D  E  E  F  N  Y  D  U  R  N  V  L  E  N
E  U  C  M  O  O  M  U  M  O  U  O  V  U
S  R  U  S  N  U  X  Y  J  U  F  X  N  G
D  A  R  E  Q  O  F  S  P  I  R  L  P  R
Y  B  R  V  V  U  O  C  X  L  Z  J  E  E
B  Q  Y  P  A  P  R  I  K  A  U  W  I  C
```

ANIS	GIROFLE
AMER	MUSCADE
FENUGREC	PAPRIKA
GINGEMBRE	SAFRAN
CANNELLE	SAVEUR
CARDAMOME	OIGNON
CURRY	VANILLE
AIL	FENOUIL
CUMIN	DOUX
CORIANDRE	SEL

24 - Groenten

```
G F C M F I X Z A I L X A A
O G I N G E M B R E T U F U
J B T Y F J A W T L R P U B
P E R S I L E O I G N O N E
C I O O A D Y F C U A I H R
X B U X C R S T H H V S S G
O L I V E O W D A Q E Q D I
B E L A M X L I U V T I N N
X B L U X S N I T O M A T E
B F E S A L A D E O D C L F
J S C É L E R I G N M Q H A
R A D I S É P I N A R D G I
Q G O Y A I É C H A L O T E
C H A M P I G N O N L N L P
```

ARTICHAUT	CITROUILLE
AUBERGINE	NAVET
BROCOLI	RADIS
POIS	SALADE
GINGEMBRE	CÉLERI
AIL	ÉCHALOTE
OLIVE	ÉPINARD
CHAMPIGNON	TOMATE
PERSIL	OIGNON

25 - Dans

```
N  W  E  K  A  C  U  L  T  U  R  E  L  P
G  S  C  L  A  S  S  I  Q  U  E  E  Q  A
R  E  H  N  I  M  A  R  T  Y  K  X  V  R
Â  M  J  J  O  Y  E  U  X  C  K  P  P  T
C  U  L  T  U  R  E  P  T  V  B  R  Y  E
E  J  M  O  U  V  E  M  E  N  T  E  A  N
M  R  É  P  É  T  I  T  I  O  N  S  C  A
É  U  Y  K  D  P  S  J  Y  B  J  S  A  I
C  M  S  J  P  B  D  V  F  R  I  I  D  R
O  X  O  I  D  R  Y  T  H  M  E  F  É  E
R  G  V  T  Q  P  O  S  T  U  R  E  M  G
P  L  E  V  I  U  V  I  S  U  E  L  I  Q
S  Z  T  X  B  O  E  I  Y  X  H  I  E  Q
I  H  X  Q  S  K  N  C  D  Q  L  W  F  N
```

ACADÉMIE	CLASSIQUE
MOUVEMENT	ART
JOYEUX	CORPS
CULTUREL	MUSIQUE
CULTURE	PARTENAIRE
ÉMOTION	RÉPÉTITION
EXPRESSIF	RYTHME
GRÂCE	SAUT
POSTURE	VISUEL

26 - Sport

```
G  É  E  N  T  R  A  Î  N  E  U  R  J  Z
Y  Y  Q  R  S  J  W  C  U  Y  E  R  R  J
M  N  M  U  M  E  O  S  Y  B  X  Z  R  O
N  A  M  N  I  U  W  T  R  Z  J  D  D  U
A  G  H  M  A  P  Z  A  R  B  I  T  R  E
S  E  A  B  T  S  E  D  T  Y  T  V  J  U
T  R  I  T  T  V  E  E  T  H  V  G  W  R
I  G  A  G  N  A  N  T  G  O  L  F  R  Q
Q  R  D  Z  A  N  I  H  Q  C  Z  È  Z  H
U  B  A  S  E  B  A  L  L  K  T  E  T  P
E  C  J  M  O  U  V  E  M  E  N  T  Q  E
Y  T  E  N  N  I  S  C  F  Y  I  T  J  I
C  H  A  M  P  I  O  N  N  A  T  Z  T  J
B  A  S  K  E  T  B  A  L  L  V  É  L  O
```

ATHLÈTE	ARBITRE
BASKET-BALL	JEU
MOUVEMENT	JOUEUR
VÉLO	STADE
GOLF	ÉQUIPE
GYMNASE	TENNIS
GYMNASTIQUE	ENTRAÎNEUR
HOCKEY	GAGNANT
BASE-BALL	NAGER
CHAMPIONNAT	

27 - Mythologie

```
Z J L J V R G H H G V Q A G
T A A P I U T F É É Y U O U
F L B M O R T E L R R H M E
G O Y É C L A I R J O O D R
W U R T O N N E R R E Ï S R
C S I C U L T U R E Q S N I
R I N O E R S M O N S T R E
É E T A R C H É T Y P E S R
A P H I M M O R T A L I T É
T M E C A T A S T R O P H E
U C O M P O R T E M E N T Z
R V E N G E A N C E G J L Q
E C R É A T I O N V Y Q R Y
T C I E L É G E N D E M I D
```

ARCHÉTYPE	JALOUSIE
ÉCLAIR	FORCE
CRÉATION	GUERRIER
CULTURE	LÉGENDE
TONNERRE	MONSTRE
LABYRINTHE	IMMORTALITÉ
COMPORTEMENT	CATASTROPHE
HÉROS	MORTEL
HÉROÏNE	CRÉATURE
CIEL	VENGEANCE

28 - Eten #1

```
M F O V U T N C A R O T T E
B M I X L M S A L A D E H R
V U G G I H R N B A S I O Y
V T N I X W R N B R I T N Y
J B O S E L Y E L A I T I J
X U N Z X G S L É C E C P A
T X S B I M U L P H F Q O C
B A S I L I C E I I R V I T
C I Q E B F R O N D A P R T
L V I A N D E A A E I T E P
O C I T R O N I R W S L T M
K R I T I I T L D T E V W I
N W G S O U P E O A Z O Y D
W R Z E F D K P Z J B L H A
```

FRAISE
ABRICOT
BASILIC
CITRON
ORGE
CANNELLE
AIL
LAIT
POIRE
ARACHIDE

SALADE
JUS
SOUPE
ÉPINARD
SUCRE
THON
OIGNON
VIANDE
CAROTTE
SEL

29 - Avontuur

```
E  D  N  A  T  U  R  E  A  C  M  V  P  T
Y  A  X  E  C  N  J  I  M  H  I  G  R  T
T  N  L  N  B  T  O  C  I  A  L  Q  É  D
N  G  Q  T  E  A  I  U  S  N  S  T  P  V
D  E  I  H  A  A  E  V  V  C  C  H  A  O
É  R  L  O  U  D  B  Y  I  E  L  N  R  Y
F  E  M  U  T  Q  J  H  Z  T  A  K  A  A
I  U  E  S  É  C  U  R  I  T  É  U  T  G
S  X  D  I  F  F  I  C  U  L  T  É  I  E
R  B  R  A  V  O  U  R  E  F  Z  T  O  S
M  H  W  S  S  U  R  P  R  E  N  A  N  T
J  C  L  M  I  N  H  A  B  I  T  U  E  L
H  L  A  E  X  C  U  R  S  I  O  N  D  C
D  E  S  T  I  N  A  T  I  O  N  C  F  B
```

ACTIVITÉ	INHABITUEL
DESTINATION	VOYAGES
ENTHOUSIASME	BEAUTÉ
EXCURSION	DÉFIS
DANGEREUX	SÉCURITÉ
CHANCE	SURPRENANT
BRAVOURE	PRÉPARATION
DIFFICULTÉ	JOIE
NATURE	AMIS
NOUVEAU	

30 - Circus

```
T  B  M  É  L  É  P  H  A  N  T  B  R  J
A  I  A  S  I  N  G  E  V  R  H  V  G  M
N  G  G  Q  P  J  O  N  G  L  E  U  R  G
I  U  I  R  N  E  H  K  U  O  V  X  P  K
M  A  E  C  E  J  C  L  I  O  N  B  B  G
A  J  D  I  V  E  R  T  I  R  D  C  Q  J
U  M  T  Z  S  J  H  B  A  L  L  O  N  S
X  A  C  R  O  B  A  T  E  T  X  S  M  T
P  G  A  H  D  J  B  I  L  L  E  T  P  E
A  I  S  C  M  Q  I  B  X  R  E  U  P  N
R  C  T  X  L  I  W  P  D  A  X  M  R  T
A  I  U  H  Z  O  G  F  Z  F  H  E  T  E
D  E  C  L  Q  E  W  M  U  S  I  Q  U  E
E  N  E  O  J  B  O  N  B  O  N  L  N  J
```

SINGE	MAGIE
ACROBATE	MUSIQUE
BALLONS	ÉLÉPHANT
CLOWN	PARADE
ANIMAUX	BONBON
MAGICIEN	TENTE
JONGLEUR	TIGRE
BILLET	SPECTATEUR
COSTUME	ASTUCE
LION	DIVERTIR

31 - Restaurant #2

```
F  B  O  I  S  S  O  N  R  K  S  I  W  C
O  O  D  Z  U  V  G  L  A  C  E  A  U  H
U  B  É  V  O  R  R  P  É  C  R  V  N  A
R  G  L  D  L  A  J  T  P  D  V  I  W  I
C  Â  I  S  É  F  R  U  I  T  E  T  I  S
H  T  C  D  G  J  J  N  C  L  U  Q  V  E
E  E  I  Î  U  L  E  O  E  Q  R  S  E  L
T  A  E  N  M  P  V  U  S  A  L  A  D  E
T  U  U  E  E  Z  B  I  N  O  G  N  R  K
E  W  X  R  S  Y  J  L  X  E  E  T  P  N
P  O  I  S  S  O  N  L  F  A  R  U  Z  E
C  U  I  L  L  È  R  E  U  W  O  Y  F  Q
K  Q  H  Z  S  X  P  S  S  O  U  P  E  D
O  C  M  G  N  O  U  A  W  S  S  U  X  X
```

GÂTEAU	NOUILLES
DÎNER	SERVEUR
BOISSON	SALADE
OEUF	SOUPE
FRUIT	ÉPICES
LÉGUMES	CHAISE
DÉLICIEUX	POISSON
GLACE	FOURCHETTE
CUILLÈRE	EAU
DÉJEUNER	SEL

32 - Bijen

```
S  Q  L  D  G  F  L  E  U  R  S  K  J  P
W  M  K  T  E  W  M  V  P  T  U  G  F  H
C  N  E  M  P  U  N  I  R  H  K  R  L  A
E  I  H  T  Z  O  C  X  E  U  W  R  E  B
J  A  R  D  I  N  L  A  I  L  E  S  U  I
Q  V  H  E  S  L  F  L  N  C  F  E  R  T
T  C  D  E  N  R  V  Q  E  E  R  S  U  A
D  I  V  E  R  S  I  T  É  N  U  S  C  T
J  N  T  Y  F  O  F  W  C  L  I  A  H  S
L  S  U  D  P  I  H  M  A  K  T  I  E  O
G  E  U  R  L  T  F  U  M  É  E  M  M  L
É  C  O  S  Y  S  T  È  M  E  E  N  L  E
R  T  O  B  É  N  É  F  I  Q  U  E  V  I
T  E  N  O  U  R  R  I  T  U  R  E  E  L
```

RUCHE	FUMÉE
FLEURS	POLLEN
FLEUR	JARDIN
DIVERSITÉ	AILES
ÉCOSYSTÈME	NOURRITURE
FRUIT	BÉNÉFIQUE
HABITAT	CIRE
MIEL	SOLEIL
INSECTE	ESSAIM
REINE	

33 - School #1

```
Z  P  D  L  D  R  É  P  O  N  S  E  S  E
D  O  S  S  I  E  R  S  E  O  W  N  O  X
C  M  L  B  L  V  D  N  C  M  B  S  T  A
S  T  C  U  U  H  R  S  U  B  I  E  J  M
F  J  G  R  U  M  Q  E  O  R  B  I  D  E
D  É  J  E  U  N  E  R  S  E  L  G  D  N
C  C  R  A  Y  O  N  G  L  S  I  N  O  S
I  H  J  U  P  G  G  I  I  C  O  A  A  P
X  O  A  M  U  S  E  M  E  N  T  N  M  D
U  E  O  I  M  A  T  H  N  T  H  T  I  T
J  D  E  S  S  T  Y  L  O  S  È  Q  S  B
M  A  R  Q  U  E  U  R  S  Y  Q  U  I  Z
P  A  P  I  E  R  Z  R  D  I  U  P  E  V
J  J  O  T  A  L  P  H  A  B  E  T  B  O
```

ALPHABET	MARQUEURS
RÉPONSES	PAPIER
BIBLIOTHÈQUE	DES STYLOS
LIVRES	AMUSEMENT
BUREAU	CRAYON
NOMBRES	QUIZ
EXAMENS	CHAISE
ENSEIGNANT	AMIS
DÉJEUNER	MATH
DOSSIERS	

34 - Wandelen

```
A D M O U U U S F B C E D M
N C L O U R D P A O A A A P
F A L A I S E I T T M U N R
C R T N W A T E I T P T G I
L T F U Z P B R G E I I E Z
I E B B R D Z R U S N Z R T
M S F V A E C E É Z G N S M
A O G Q S E O S A U V A G E
T O N B O O P A R C S S L Y
W N M T U G M E A C F O Y H
L Z O Y A N I M A U X L Y A
T H N N H G R G E D P E Q N
X R A U H T N D L T V I V G
X K F K O Y I E J F V L C R
```

MONTAGNE	NATURE
ANIMAUX	PARCS
DANGERS	PIERRES
CARTE	SOMMET
CAMPING	EAU
FALAISE	SAUVAGE
CLIMAT	SOLEIL
BOTTES	LOURD
FATIGUÉ	

35 - Ecologie

```
F  L  O  R  E  W  K  M  C  M  K  G  V  K
H  A  B  I  T  A  T  E  L  Y  S  L  A  A
C  V  U  M  N  M  A  R  I  N  U  O  R  P
O  É  M  N  G  A  O  G  M  M  R  B  I  L
M  G  D  A  E  M  T  N  A  O  V  A  É  A
M  É  U  T  S  A  W  U  T  T  I  L  T  N
U  T  R  U  P  R  Q  F  R  A  E  C  É  T
N  A  A  R  È  A  J  T  D  E  G  T  I  E
A  T  B  E  C  I  F  V  E  B  L  N  X  S
U  I  L  M  E  S  G  G  G  N  G  R  E  F
T  O  E  D  I  V  E  R  S  I  T  É  V  S
É  N  B  É  N  É  V  O  L  E  S  X  O  W
S  É  C  H  E  R  E  S  S  E  U  W  L  O
O  C  X  O  N  R  O  S  Y  D  J  S  L  N
```

MONTAGNES	MARIN
DIVERSITÉ	MARAIS
SÉCHERESSE	NATURE
DURABLE	NATUREL
FAUNE	SURVIE
FLORE	PLANTES
COMMUNAUTÉS	ESPÈCE
GLOBAL	VARIÉTÉ
HABITAT	VÉGÉTATION
CLIMAT	BÉNÉVOLES

36 - Installaties

```
F E U I L L E D Q W W B B F
A R B R E I H J S N O A O F
F L O R E D E A P J R M T F
H M J G H U R R I F A B A E
U R R A H C B D R L V O N U
D B A I E A E I X E É U I I
V I U I O C R N Z U G B Q L
T W K I B T B I R R É J U L
C Z P U S U T F C I T H E A
F O R Ê T S V M O O A N U G
M O U S S E O B V Y T U Q E
G R A N D I R N Z O I F I Z
E N G R A I S G N N O M U F
R A C I N E B P X D N I Z O
```

BAMBOU	HERBE
BAIE	GRANDIR
FEUILLE	LIERRE
FLEUR	ENGRAIS
ARBRE	MOUSSE
HARICOT	BOTANIQUE
FORÊT	BUISSON
CACTUS	JARDIN
FLORE	VÉGÉTATION
FEUILLAGE	RACINE

37 - School #2

```
N D E S S T Y L O S B R E C
W E E K E N D S R C N U N A
W V U E E Q G M D J S G S L
S M É D U C A T I O N R E E
P A P I E R O A N A S A I N
T T N E O A Q E A G C M G D
S H M N Z Y W G T T I M N R
B A J P O O Q K E J E A A I
V Y C C V N Q L U A N I N E
Z J U À B O S P R L C R T R
R A C A D É M I Q U E E K X
I Y Z X Y O C I S E A U X Y
E D G X U B S D E V O I R S
C H A U S S U R E S I L J L
```

ACADÉMIQUE	DES STYLOS
BUS	CRAYON
ORDINATEUR	SAC À DOS
GRAMMAIRE	CISEAUX
DEVOIRS	CHAUSSURES
CALENDRIER	WEEK-ENDS
ENSEIGNANT	SCIENCE
ÉDUCATION	MATH
PAPIER	

38 - Oceaan

```
N U X C C C O R A I L J R U
T S N T O R T U E W B H É C
R E Q U I N E C R A B E C E
B A L E I N E V X S D G I A
U D M H A I X A E H Q Z F N
J O P D P T P B A T E A U G
G L O M A R É E S G T E A U
R U H P O U L P E B Z E Y I
R P O M D N P O I S S O N L
X N Y É A Y U H U Î T R E L
S D G D O L L E I Z Q N C E
Z F U U Q N G W M N T H O N
J V Q S E L T U É P O N G E
R P T E M P Ê T E I J L Y Z
```

ANGUILLE	POULPE
ALGUE	HUÎTRE
BATEAU	RÉCIF
DAUPHIN	TORTUE
CREVETTE	ÉPONGE
MARÉES	TEMPÊTE
REQUIN	THON
CORAIL	POISSON
CRABE	BALEINE
MÉDUSE	SEL

39 - Landen #2

```
U K R A I N E C J S P I P M
S Y R I E D D R D A K H W E
L W N M S A X U L Z P G K X
L I N D O N É S I E O O E I
I R B O E E R S G X U N N Q
B L R A B M V I R W G I Y U
É A O I N A M E È L A G A E
R N J D F R A N C E N E I R
I D N O C K Y Y E D D R O L
A E L É C I G M C M A I H G
P C A O P G D A H C K A D P
G P O Y K A M A L A I S I E
E T S K V I L S O M A L I E
E T H I O P I E S M R Q A W
```

DANEMARK	LIBÉRIA
ETHIOPIE	MALAISIE
FRANCE	MEXIQUE
GRÈCE	NÉPAL
IRLANDE	NIGERIA
INDONÉSIE	OUGANDA
JAPON	UKRAINE
KENYA	RUSSIE
LAOS	SOMALIE
LIBAN	SYRIE

40 - Bloemen

```
T O U R N E S O L P T N P X
G W A E Z M S W Y I Y R A I
K X M W P A V O T S Z G S B
K U A R W G S Z R S F A S F
B B R J C N J W È E T R I O
H O G O D O V T F N U D F N
I J U N P L P G L L L É L J
B R E Q L I L É E I I N O A
I O R U U A Y I T T P I R S
S S I I M E S K J A E A E M
C E T L E J T P Z X L P V I
U R E L R L A V A N D E H N
S Q D E I O R C H I D É E P
U W Y I A P I V O I N E G I
```

PÉTALE	JONQUILLE
BOUQUET	ORCHIDÉE
GARDÉNIA	PISSENLIT
HIBISCUS	PAVOT
JASMIN	PASSIFLORE
TRÈFLE	PIVOINE
LAVANDE	PLUMERIA
LYS	ROSE
MARGUERITE	TULIPE
MAGNOLIA	TOURNESOL

41 - Huisdieren

```
C L A P I N W O W C P L G P
O H F F W T N E B H Y T O O
L E I U J Z V H H È A W O I
L A J E L G I X I V B K O S
I U C L N Y L E J R A R O S
E P A T T E S I P E C C U O
R M Y G R I F F E S H V H N
Q U E U E G N S R I I O C E
X D U E C O W O R X O J H T
H A M S T E R U O I T N A M
O V Z R J Q C R Q C H A T V
L É Z A R D L I U S K J O N
I X C C D A A S E L J V N P
F W T Q Q G K Q T O R T U E
```

CHÈVRE	COLLIER
LÉZARD	SOURIS
HAMSTER	PERROQUET
CHIEN	PATTES
CHAT	CHIOT
CHATON	TORTUE
GRIFFES	QUEUE
VACHE	POISSON
LAPIN	EAU

42 - Landschappen

```
G M W C O L L I N E T L P S
C V D U V V M M C S U Y L R
J A É R T N D D M E X K A T
V L S H S Q R U O T B M G V
X L E C O C É A N O W E E Q
H É R P A V V P T U Î B R W
E E T A S D Y É A N L C U G
M A R A I S E N G D E A E E
L A C O S F V I N R V Q M Y
F L E U V E B N E A O F I S
G L A C I E R S B H L T F E
N M E R A Q L U G W C R T R
U Y Z S O N F L X D A K V E
M R N D Z F S E L G N Z E I
```

MONTAGNE	OCÉAN
ÎLE	FLEUVE
GEYSER	PÉNINSULE
GLACIER	PLAGE
GROTTE	TOUNDRA
COLLINE	VALLÉE
ICEBERG	VOLCAN
LAC	CASCADE
MARAIS	DÉSERT
OASIS	MER

43 - Tuin

```
S  Y  M  Q  C  P  G  V  E  R  G  E  R  R
P  U  W  Y  R  O  R  U  Q  Â  M  E  U  O
E  E  B  K  A  R  B  R  E  T  C  T  J  C
L  Q  L  A  Z  C  J  A  U  E  N  R  P  H
L  V  B  O  T  H  V  Z  H  A  M  A  C  E
E  P  W  L  U  E  F  L  E  U  R  M  L  S
B  J  F  K  Y  S  V  P  R  G  Q  P  Ô  T
A  U  A  P  A  B  E  I  B  B  C  O  T  E
N  B  I  R  U  V  W  Y  E  P  C  L  U  R
C  N  Z  S  D  T  S  Q  Y  Y  K  I  R  R
A  T  M  D  S  I  G  B  V  I  G  N  E  A
T  Z  B  P  V  O  N  J  Y  P  F  E  L  S
Q  F  P  É  T  A  N  G  A  R  A  G  E  S
F  J  I  P  N  N  C  E  G  D  O  Y  P  E
```

BANC	ROCHES
FLEUR	PELLE
ARBRE	TUYAU
VERGER	BUISSON
GARAGE	TERRASSE
PELOUSE	TRAMPOLINE
HERBE	JARDIN
HAMAC	PORCHE
RÂTEAU	ÉTANG
CLÔTURE	VIGNE

44 - Katten

```
N E Q L I A D R Ô L E E C C
I S R A N B O V P F I L H U
V P Z T D M R C E J H Z A R
U I A E É D M G U K R D S I
V È I U P V I P R E B T S E
H G J Q E B R A P I D E E U
A L C C N Y I T M E F L U X
W E B S D K V T B S E F R K
S A U V A G E E F O U K E Q
I P Q X N E S Y W U T N F U
S C C N T N F O U R R U R E
T I M I D E O G P I H Z U U
U L A O P I H L E S A H U E
P E R S O N N A L I T É P O
```

FOURRURE	INDÉPENDANT
FIL	PERSONNALITÉ
FOU	PATTE
DRÔLE	DORMIR
CHASSEUR	RAPIDE
GRIFFE	ESPIÈGLE
PEU	QUEUE
SOURIS	TIMIDE
CURIEUX	SAUVAGE

45 - Beroepen #2

```
I  K  A  Q  K  Q  T  S  A  P  E  Y  B  D
L  G  W  G  F  H  M  É  D  E  C  I  N  Y
L  D  X  J  R  J  A  R  D  I  N  I  E  R
U  E  N  S  E  I  G  N  A  N  T  C  D  W
S  F  U  R  P  K  C  O  O  T  S  R  D  D
T  P  I  L  O  T  E  U  B  R  S  J  A  É
R  T  H  O  U  P  A  F  L  E  H  X  J  T
A  G  Y  A  G  Y  D  E  N  T  I  S  T  E
T  C  H  E  R  C  H  E  U  R  E  W  V  C
E  A  S  T  R  O  N  A  U  T  E  U  B  T
U  I  N  V  E  N  T  E  U  R  R  V  R  I
R  L  I  N  G  U  I  S  T  E  O  P  U  V
J  P  H  I  L  O  S  O  P  H  E  Q  Z  E
T  P  R  A  I  N  G  É  N  I  E  U  R  X
```

MÉDECIN	LINGUISTE
ASTRONAUTE	CHERCHEUR
AGRICULTEUR	PILOTE
DÉTECTIVE	PEINTRE
PHILOSOPHE	DENTISTE
ILLUSTRATEUR	JARDINIER
INGÉNIEUR	INVENTEUR
ENSEIGNANT	

46 - Dagen en Maanden

```
C  J  E  U  D  I  N  F  M  A  R  D  I  R
V  A  V  Q  S  E  P  T  E  M  B  R  E  V
I  A  L  U  N  D  I  H  R  S  Y  J  C  E
T  C  X  E  Q  L  H  M  C  A  J  U  I  N
M  O  I  S  N  P  R  A  R  M  A  I  X  D
N  E  A  D  A  D  U  R  E  E  N  L  K  R
I  O  K  J  O  N  R  S  D  D  V  L  K  E
B  G  V  J  Û  S  N  I  I  I  I  E  F  D
B  S  Q  E  T  E  N  É  E  H  E  T  É  I
E  G  S  E  M  A  I  N  E  R  R  C  V  T
J  C  E  W  Q  B  A  O  C  T  O  B  R  E
H  L  P  O  V  A  R  N  O  T  R  S  I  M
M  N  G  T  P  Z  R  E  I  A  R  B  E  U
D  D  I  M  A  N  C  H  E  Y  B  H  R  R
```

AOÛT	LUNDI
MARDI	MARS
JEUDI	NOVEMBRE
FÉVRIER	OCTOBRE
ANNÉE	SEPTEMBRE
JANVIER	VENDREDI
JUILLET	SEMAINE
JUIN	MERCREDI
CALENDRIER	SAMEDI
MOIS	DIMANCHE

47 - Beeldende Kunsten

```
S  A  F  I  L  M  M  P  H  K  Y  O  U  X
J  R  C  É  R  A  M  I  Q  U  E  Y  C  W
Z  C  O  M  P  O  S  I  T  I  O  N  X  F
F  H  P  O  R  T  R  A  I  T  O  Q  S  A
X  I  C  R  É  A  T  I  V  I  T  É  C  R
V  T  Z  L  K  A  X  P  C  Q  S  W  U  T
A  E  C  H  A  R  B  O  N  D  Y  P  L  I
R  C  R  C  W  R  O  C  R  A  I  E  P  S
G  T  Q  N  I  C  N  H  H  U  C  I  T  T
I  U  J  I  I  R  H  O  H  A  R  N  U  E
L  R  G  A  P  S  E  I  F  M  A  T  R  J
E  E  S  T  Y  L  O  R  B  L  Y  U  E  G
C  H  E  F  D  Œ  U  V  R  E  O  R  B  O
Q  C  H  E  V  A  L  E  T  O  N  E  M  T
```

ARCHITECTURE	CHEF-D'ŒUVRE
ARTISTE	STYLO
SCULPTURE	PORTRAIT
CRÉATIVITÉ	CRAYON
CHEVALET	COMPOSITION
FILM	PEINTURE
CHARBON	POCHOIR
CÉRAMIQUE	VERNIS
ARGILE	CIRE
CRAIE	

48 - Menselijk Lichaam

```
O  É  P  A  U  L  E  S  T  O  M  A  C  K
Z  R  D  O  I  G  T  L  A  N  G  U  E  S
F  M  E  N  T  O  N  S  L  N  F  V  B  L
N  P  M  I  R  Y  C  Œ  U  R  G  S  Q  E
Y  V  G  X  L  Y  N  T  J  V  C  Y  Z  C
C  T  M  K  H  L  V  Ê  M  P  T  M  R  H
I  U  J  A  M  B  E  T  A  N  E  Z  C  E
M  Â  C  H  O  I  R  E  I  C  B  A  O  V
G  U  S  E  C  A  E  E  N  E  R  Z  U  I
Q  Y  G  A  C  Z  O  D  B  R  U  I  Q  L
M  Q  O  R  O  I  H  G  G  V  H  U  B  L
G  E  N  O  U  A  E  W  G  E  N  T  V  E
K  Y  P  Y  D  S  L  G  F  A  H  X  B  U
Z  L  G  T  E  B  Z  B  O  U  C  H  E  I
```

JAMBE	MENTON
SANG	GENOU
COUDE	ESTOMAC
CHEVILLE	BOUCHE
MAIN	COU
CŒUR	NEZ
CERVEAU	OREILLE
TÊTE	ÉPAULE
PEAU	LANGUE
MÂCHOIRE	DOIGT

49 - Familie

```
G R A N D M È R E Y S I N P
F R È R E N F A N T S Q A E
W A O B R L X F D Y F V Q T
N T A N T E N F A N T S S I
G I P S C B W P N Q O D K T
R Z È O C L P A C M A R I E
A F R C K S E T Ê F R J S N
N N E Q E G T E T P S C A F
D E S M U K I R R M È R E A
P V O O M N T N E W P K M N
È E E Y T E F E F I L L E T
R U U D C K I L D S S X C N
E A R Z Q J L E N F A N C E
R J D R P Y S F E A O S S N
```

FRÈRE	NEVEU
FILLE	NIÈCE
GRAND-MÈRE	ONCLE
ENFANCE	GRAND-PÈRE
ENFANT	TANTE
ENFANTS	PÈRE
PETIT-ENFANT	PATERNEL
PETIT-FILS	ANCÊTRE
MARI	FEMME
MÈRE	SOEUR

50 - Gebouwen

```
T F S A U I T S D F H I C G
K I O I P S T A D E Ô W H R
Q F W T O P I B B R T H Â A
X K S A S B A N J M E O T N
C R M U S É E R E E L U E G
I A K N V C X X T O U R A E
N P B S Y O F V V E D U U S
É L E I N L S D S E M R L S
M H L W N E B W B R O E L E
A J P M V E T E N T E E N V
T H É Â T R E W C L J E H T
O B S E R V A T O I R E P A
U N I V E R S I T É J Z P K
A M B A S S A D E K H X L T
```

AMBASSADE	OBSERVATOIRE
APPARTEMENT	ÉCOLE
CINÉMA	GRANGE
FERME	STADE
CABINE	TENTE
USINE	THÉÂTRE
HÔTEL	TOUR
CHÂTEAU	UNIVERSITÉ
MUSÉE	

51 - Kunst

```
C  S  K  S  V  I  S  U  E  L  S  C  S  B
O  K  U  M  Y  Z  D  H  I  D  U  O  I  P
M  I  P  J  W  M  Y  Z  Q  V  R  M  M  E
P  N  Y  O  E  K  B  V  F  A  R  P  P  I
L  S  S  E  É  T  N  O  G  R  É  O  L  N
E  P  C  X  P  S  A  R  L  P  A  S  E  T
X  I  U  P  V  J  I  R  K  E  L  I  N  U
E  R  L  R  F  X  J  E  R  R  I  T  H  R
D  É  P  E  I  N  D  R  E  S  S  I  O  E
J  Y  T  S  G  A  R  O  N  O  M  O  N  S
D  C  U  S  U  Q  R  N  H  N  E  N  N  I
Z  O  R  I  R  Z  G  L  S  N  U  S  Ê  B
L  N  E  O  E  L  H  U  M  E  U  R  T  V
M  R  D  N  C  R  É  E  R  L  F  O  E  M
```

SCULPTURE	PERSONNEL
COMPLEXE	POÉSIE
CRÉER	DÉPEINDRE
SIMPLE	COMPOSITION
HONNÊTE	PEINTURES
FIGURE	SURRÉALISME
INSPIRÉ	SYMBOLE
HUMEUR	EXPRESSION
SUJET	VISUEL

52 - Beroepen #1

```
D P H A R M A C I E N A É P
A M B A S S A D E U R T D L
N S M U S I C I E N G H I O
S P T G É O L O G U E L T M
E I S R E H D L Y U Q È E B
U N B Y O I V E P T B T U I
R F A A C N G Q Z B R E R E
K I N V E H O K V D R W B R
Z R Q O F S O M É D E C I N
A M U C Z S T L E J D D D V
B I I A B B I J O U T I E R
L È E T P Y X A F G L K B Y
E R R N C H A S S E U R F Z
C E Y P I A N I S T E E A G
```

AVOCAT	GÉOLOGUE
AMBASSADEUR	CHASSEUR
PHARMACIEN	BIJOUTIER
ASTRONOME	PLOMBIER
ATHLÈTE	MUSICIEN
BANQUIER	PIANISTE
DANSEUR	PSYCHOLOGUE
MÉDECIN	INFIRMIÈRE
ÉDITEUR	

53 - Kastelen

```
D Y N A S T I E O K J P J T
O G M P L I C O R N E A P O
M U R R O Y A U M E N L R U
C U J I E M P I R E O A I R
A H S N É P É E G J B I N C
T C F C K L F U O N L S C H
A O H E A L B D K D E Q E E
P U W E H F É O D A L Z S V
U R V B V G I N B R J W S A
L O S T O A U J O M C N E L
T N X I M Q L O C U J H G I
E N D R A G O N A R R X K E
D E T S Z I G F Y E C G G R
B O U C L I E R V P O K R M
```

DRAGON	MUR
DYNASTIE	CHEVAL
NOBLE	PALAIS
LICORNE	PRINCE
FÉODAL	PRINCESSE
ARMURE	CHEVALIER
CATAPULTE	EMPIRE
DONJON	BOUCLIER
ROYAUME	TOUR
COURONNE	ÉPÉE

54 - Insecten

```
M C V E R N T I Q T F F U E
U A I W Y U P U C E R O N D
E L N G Y G R Q K R E U U E
U H U T A Q D U I M L R B N
W C V R E L F Q P I O M Z P
J I S S A C E C O T N I N R
P A P I L L O N W E F D B O
S A U T E R E L L E D G U A
V T I A B J L Y N S S N W B
L I B E L L U L E G U Ê P E
R O E H C A F A R D J A U I
P D N S C A R A B É E D C L
G C B I F T O V E E B R E L
M O U S T I Q U E B J L J E
```

MANTE	FOURMI
ABEILLE	MOUSTIQUE
PUCERON	SAUTERELLE
CIGALE	TERMITE
FRELON	PAPILLON
CAFARD	PUCE
SCARABÉE	GUÊPE
LARVE	VER
LIBELLULE	

55 - Antarctica

```
C  G  É  O  G  R  A  P  H  I  E  H  L  T
C  O  N  T  I  N  E  N  T  O  B  O  G  O
M  J  N  E  X  P  É  D  I  T  I  O  N  P
I  R  E  S  Z  M  M  D  K  M  G  N  B  O
N  S  C  I  E  N  T  I  F  I  Q  U  E  G
É  R  H  G  E  R  I  G  E  G  Y  A  P  R
R  Q  E  P  G  Î  V  L  I  R  Z  G  É  A
A  O  R  Y  L  L  H  A  N  A  C  E  N  P
U  O  C  C  A  E  Z  C  T  T  P  H  I  H
X  X  H  H  C  S  X  I  L  I  B  L  N  I
Z  K  E  E  E  B  X  E  A  O  O  T  S  E
B  H  U  N  A  U  O  R  H  N  Y  N  U  O
A  Q  R  Y  V  U  X  S  M  W  B  F  L  Q
X  O  Y  E  N  B  B  A  I  E  J  B  E  G
```

BAIE	MINÉRAUX
CONSERVATION	CHERCHEUR
CONTINENT	ROCHEUX
ÎLES	PÉNINSULE
EXPÉDITION	TOPOGRAPHIE
GÉOGRAPHIE	EAU
GLACIERS	SCIENTIFIQUE
GLACE	NUAGE
MIGRATION	

56 - Ballet

```
P P P M V T K G T Q P E A C
G H U R Y T H M E X R X O H
R C B B U W K S C S A P R O
A O L C U A S O H O T R C R
C M I B K L M O N L I E H É
I P C M A B S I I O Q S E G
E O Q X U L O N Q B U S S R
U S T Y L E L T U F E I T A
X I Y G P X O E E R O F R P
W T X L H J I N R N X A E H
E E J A R T I S T I Q U E I
M U S I Q U E I C V N K D E
I R É P É T I T I O N E A V
M U S C L E S É Z O O A M Z
```

ARTISTIQUE
BALLERINE
CHORÉGRAPHIE
COMPOSITEUR
EXPRESSIF
GESTE
INTENSITÉ
MUSIQUE
ORCHESTRE

PRATIQUE
PUBLIC
RÉPÉTITION
RYTHME
GRACIEUX
SOLO
MUSCLES
STYLE
TECHNIQUE

57 - Vissen

```
F  A  B  R  A  N  C  H  I  E  S  S  P  X
F  J  G  U  W  U  H  M  H  K  K  R  L  B
J  L  R  U  G  O  H  I  D  D  G  Z  U  W
S  O  T  L  É  Q  U  I  P  E  M  E  N  T
F  L  E  U  V  E  Z  W  Q  Q  S  X  B  J
C  C  E  O  P  A  N  I  E  R  A  A  A  L
X  S  Y  L  C  U  M  S  W  S  I  G  T  N
C  O  D  I  G  É  V  Â  D  N  S  É  E  W
Q  R  C  R  F  P  A  A  C  H  O  R  A  T
G  B  O  A  I  L  O  N  U  H  N  A  U  K
T  H  D  C  L  A  C  Y  I  N  O  T  E  H
S  Q  Y  E  H  G  E  Z  R  P  O  I  D  S
M  P  A  T  I  E  N  C  E  K  I  O  R  L
O  H  A  P  P  Â  T  M  S  E  Z  N  H  E
```

APPÂT	CUIRE
ÉQUIPEMENT	PANIER
BATEAU	LAC
FIL	OCÉAN
PATIENCE	EXAGÉRATION
POIDS	FLEUVE
CROCHET	SAISON
MÂCHOIRE	PLAGE
BRANCHIES	EAU

58 - Fruit

```
T  P  E  C  R  H  S  P  A  P  A  Y  E  M
N  E  C  T  A  R  I  N  E  Ê  B  F  B  A
E  N  M  C  O  P  S  J  J  C  R  R  A  N
C  O  E  T  D  H  H  B  G  H  I  A  N  G
H  I  L  L  V  T  D  T  J  E  C  M  A  U
G  X  O  R  A  N  G  E  F  C  O  B  N  E
I  D  N  L  Y  C  B  G  B  E  T  O  E  Y
P  E  A  V  O  C  A  T  B  R  U  I  S  C
P  C  F  V  H  B  I  M  R  I  Z  S  O  N
R  O  P  O  M  M  E  T  O  S  K  E  O  V
U  C  I  W  X  C  Y  Z  R  E  E  I  M  G
N  O  J  R  V  Q  I  K  X  O  A  R  W  K
E  I  G  Z  E  Y  V  Z  Q  J  N  B  C  I
R  A  I  S  I  N  A  N  A  N  A  S  I  H
```

ABRICOT	KIWI
ANANAS	NOIX DE COCO
POMME	MANGUE
AVOCAT	MELON
BANANE	NECTARINE
BAIE	ORANGE
CITRON	PAPAYE
RAISIN	POIRE
FRAMBOISE	PÊCHE
CERISE	PRUNE

59 - Literatuur

```
F  B  J  G  P  M  Q  O  P  I  N  I  O  N
G  I  P  R  O  M  A  N  O  O  W  W  F  A
T  O  C  Y  V  F  P  R  É  T  È  W  I  N
Z  G  S  T  Y  L  E  M  T  H  Z  M  F  A
G  R  V  H  I  L  T  É  I  È  G  S  E  L
I  A  G  M  K  O  M  T  Q  M  M  O  R  O
A  P  P  E  X  N  N  A  U  E  E  A  H  G
N  H  H  M  N  W  W  P  E  R  O  R  U  I
E  I  X  J  R  O  P  H  U  J  H  T  T  E
C  E  S  D  I  A  L  O  G  U  E  Y  N  X
D  Q  C  O  M  P  A  R  A  I  S  O  N  P
O  X  T  B  E  K  C  E  A  U  T  E  U  R
T  A  N  A  L  Y  S  E  R  V  J  I  C  I
E  T  R  V  K  T  R  A  G  É  D  I  E  C
```

ANALOGIE   MÉTAPHORE
ANALYSE   POÉTIQUE
ANECDOTE   RIME
AUTEUR   RYTHME
BIOGRAPHIE   ROMAN
DIALOGUE   STYLE
FICTION   THÈME
POÈME   TRAGÉDIE
OPINION   COMPARAISON

60 - Technologie

```
L E P O L I C E N A X A E Z
Z O G O R D I N A T E U R X
S T G R F K U U C W X B D D
U T G I I S V P Y M A O E G
N J A N C A M É R A T C X R
V Z C T H I W B J C Q T J E
B I U C I M E S S A G E S C
L V R O E S B L O G D T É H
K I S T R K T I G D O S C E
C X E Z U D R I X X N K U R
Z S U Y J E L F Q P N E R C
É C R A N S L A E U É X I H
I N T E R N E T M F E B T E
M N U M É R I Q U E S S É O
```

MESSAGE
FICHIER
BLOG
OCTETS
CAMÉRA
ORDINATEUR
CURSEUR
NUMÉRIQUE
DONNÉES

INTERNET
POLICE
RECHERCHE
ÉCRAN
LOGICIEL
STATISTIQUES
SÉCURITÉ
VIRTUEL

61 - Boeken

```
O É P I Q U E P D I S C P J
E C O N T E X T E N R O E V
N R É W E H N S D V O L R H
H I S T O R I Q U E M L T U
I T I Q P Q Q L A N A E I M
A V E N T U R E L T N C N O
T P H E Z T G C I I M T E R
R L A W L A T T T F H I N I
A K J G E I N E É A W O T S
G V H B E P B U F U H N R T
I H I S T O I R E T X L G I
Q U A U A È T Q V E I S Y Q
U Q I Z D M W V L U T Z O U
E T B P Z E B B H R G M I E
```

AUTEUR	HISTORIQUE
AVENTURE	HUMORISTIQUE
PAGE	INVENTIF
COLLECTION	LECTEUR
CONTEXTE	POÉSIE
DUALITÉ	PERTINENT
ÉPIQUE	ROMAN
POÈME	TRAGIQUE
ÉCRIT	HISTOIRE

62 - Meer Informatie

```
E  I  Z  O  D  O  O  P  H  S  G  F  D  R
C  X  M  U  T  O  P  I  E  C  A  A  Y  É
T  K  T  A  B  J  P  L  X  É  L  N  S  A
R  G  S  R  G  P  E  V  P  N  A  T  T  L
D  O  O  N  Ê  I  R  J  L  A  X  A  O  I
L  L  L  C  H  M  N  A  O  R  I  S  P  S
C  I  N  É  M  A  E  A  S  I  E  T  I  T
M  V  R  I  L  L  U  S  I  O  N  I  E  E
O  R  O  R  A  C  L  E  O  R  J  Q  O  A
N  E  B  V  V  T  C  W  N  F  E  U  E  C
D  S  O  R  M  Y  S  T  É  R  I  E  U  X
E  T  T  T  E  C  H  N  O  L  O  G  I  E
S  P  S  E  X  F  U  T  U  R  I  S  T  E
W  U  S  E  P  L  A  N  È  T  E  Y  C  Q
```

CINÉMA	MYSTÉRIEUX
LIVRES	ORACLE
FEU	PLANÈTE
IMAGINAIRE	RÉALISTE
DYSTOPIE	ROBOTS
EXPLOSION	SCÉNARIO
EXTRÊME	GALAXIE
FANTASTIQUE	TECHNOLOGIE
FUTURISTE	UTOPIE
ILLUSION	MONDE

63 - Regenwoud

```
E O Q H L S C D B F J G I P
X S F B T I L R E F U G E H
A E P V E O I S E A U X V I
I C Y È O W M O U S S E R N
X W Y F C Z A Z A F P A S S
D M Z K E E T L X D G E V E
D I V E R S I T É H H A C C
C O M M U N A U T É F E J T
P R É S E R V A T I O N U E
I N D I G È N E F H V A N S
S U R V I E P B V G B T G H
I A P R É C I E U X G U L S
F G M Y O X B V E U M R E Q
B E F B O T A N I Q U E H B
```

PRÉSERVATION	NATURE
BOTANIQUE	SURVIE
DIVERSITÉ	RESPECT
COMMUNAUTÉ	ESPÈCE
INDIGÈNE	REFUGE
INSECTES	OISEAUX
JUNGLE	PRÉCIEUX
CLIMAT	NUAGE
MOUSSE	

64 - Haartypes

```
D W F K M L O N G O C R A A
E O C O Z I J M R P O T S Y
M L U S H Y N O I R U J O I
F B O X T B W C S F R I S É
H G W O E U L I E F T D V W
E R A M H X C O L O R É B D
B O U C L E S G N F R D R G
L N P H W B O E Z D T Y I Q
A D S A I N M O C L E J L V
N U C U É P A I S E C V L O
C L O V F A R G E N T Z A S
K É U E J T R E S S É P N K
E K X V Z A O W K B C D T Y
Y X P R T U N G I O R X C D
```

BLOND	GRIS
MARRON	CHAUVE
ÉPAIS	COURT
SEC	BOUCLES
MINCE	FRISÉ
COLORÉ	LONG
TRESSÉ	BLANC
SAIN	DOUX
BRILLANT	ARGENT
ONDULÉ	NOIR

65 - Stad

```
A  B  Q  L  X  C  C  I  N  É  M  A  Z  L
T  F  I  X  S  D  L  H  Ô  T  E  L  T  I
F  E  F  B  W  O  Y  I  I  V  X  F  H  B
X  M  U  Q  L  K  N  W  N  S  R  Z  É  R
G  A  L  E  R  I  E  A  G  I  U  O  Â  A
B  R  O  A  É  C  O  L  E  H  Q  P  T  I
A  C  F  É  M  E  S  T  A  D  E  U  R  R
N  H  A  R  C  U  X  Y  H  C  D  W  E  I
Q  É  A  O  J  U  S  I  Y  È  W  S  W  E
U  N  X  P  I  A  W  É  Y  W  Q  Z  D  P
E  S  O  O  W  T  J  C  E  M  R  U  Y  K
P  H  A  R  M  A  C  I  E  Z  O  O  E  T
S  N  G  T  F  L  E  U  R  I  S  T  E  I
B  O  U  L  A  N  G  E  R  I  E  K  N  E
```

PHARMACIE	HÔTEL
BOULANGERIE	CLINIQUE
BANQUE	AÉROPORT
BIBLIOTHÈQUE	MARCHÉ
CINÉMA	MUSÉE
FLEURISTE	ÉCOLE
LIBRAIRIE	STADE
ZOO	THÉÂTRE
GALERIE	

66 - Natuur

```
U L D N P A R C T I Q U E Z
A É V T G F E U I L L A G E
B R O U I L L A R D N B W D
E O Q E T E T N F Y U R I É
I S R I I U Z I F N A I X S
L I N I A V K M A A G P F E
L O V J M E C A L M E C O R
E N S A N C T U A I R E R T
S P A E V D J X I Q B E Ê Q
M I U H R I O O S U E Q T A
K B V L O E T W E E A L U I
S R A J O C I A S C U J I A
X H G D V H E N L G T P Z Q
J Y E G L A C I E R É V R Y
```

ARCTIQUE	BROUILLARD
ABEILLES	FLEUVE
FORÊT	BEAUTÉ
ANIMAUX	ABRI
DYNAMIQUE	SEREIN
ÉROSION	VITAL
FEUILLAGE	SAUVAGE
GLACIER	DÉSERT
SANCTUAIRE	NUAGE
FALAISES	

67 - Dinosaurussen

```
P R O I E Z O J M É A Z P S
G R A N D U T Q V N É G U C
N B É H T S Y U N O V B I V
D V X H G Q D Z P R O R S I
C A R N I V O R E M L E S C
G W Y W E S P È C E U P A I
Q U E U E Q T I T O T T N E
Z B E E H K M O I M I I T U
F O S S I L E S R N O L A X
H E R B I V O R E I N E I T
K J R A P A C E K V Q U L E
D I S P A R I T I O N U L R
M A M M O U T H G R Z N E R
R A Z F L C A I L E S R L E
```

TERRE	OMNIVORE
CARNIVORE	PRÉHISTORIQUE
ÉNORME	PROIE
ÉVOLUTION	REPTILE
FOSSILES	RAPACE
GRAND	ESPÈCE
TAILLE	QUEUE
HERBIVORE	DISPARITION
PUISSANT	VICIEUX
MAMMOUTH	AILES

68 - Zoogdieren

```
P N I Z W N O M F L N F C Z
C O Y O T E W Z U Q C L H S
G I R A F E Z C O B D X A A
L Y U Y A S Â H K H X L T É
D A U P H I N A I O T U A L
I Q P X D N E M C Z E K U É
D T W I V G O E X G T N R P
L O U P N E C A S T O R E H
C H È V R E X U X V V W A A
D T G C H E V A L F W U U N
L E P H K A N G O U R O U T
F I Y I N R B A L E I N E R
X U O E T Y G O R I L L E I
L R E N G U K Z Q D B C F D
```

SINGE	KANGOUROU
CASTOR	CHAT
COYOTE	LAPIN
DAUPHIN	LION
ÂNE	ÉLÉPHANT
CHÈVRE	CHEVAL
GIRAFE	TAUREAU
GORILLE	RENARD
CHIEN	BALEINE
CHAMEAU	LOUP

69 - 1 Jaar Geleden

D R Ô L E Z Y B H X P E A B
É F I A B L E O L F R F R L
C U R I E U X N V K A F T H
I N D É P E N D A N T I I I
S P X F A C M D G H I C S N
I Q U F T C H O I E Q A T T
F E L K I Z Y A D R U C I E
M R L Z E O N Q R E E E Q L
S P S Y N Z Q Z X M S N U L
O A S U T I L E X J A T E I
A D P A S S I O N N É N E G
S E B P G C O N F I A N T E
P R O P R E H M K B H K Q N
S Q E K G É N É R E U X N T

ARTISTIQUE	GÉNÉREUX
UTILE	INTELLIGENT
MODESTE	CURIEUX
DÉCISIF	INDÉPENDANT
FIABLE	PATIENT
CHARMANT	PRATIQUE
EFFICACE	PROPRE
PASSIONNÉ	SAGE
BON	CONFIANT
DRÔLE	

70 - Kampioenschap

```
É  S  H  P  R  E  S  P  I  R  E  R  G  D
A  Q  A  L  H  C  P  B  D  L  I  R  O  I
M  W  U  P  T  H  O  K  U  S  I  D  Z  Y
Z  N  Q  I  S  B  R  W  J  F  M  G  A  B
I  J  C  N  P  J  T  V  I  I  O  B  U  Z
Q  C  R  V  U  E  S  F  Q  N  T  T  L  E
P  P  Q  Z  S  U  M  É  D  A  I  L  L  E
Z  F  I  R  F  X  U  Q  W  L  V  D  M  A
T  O  U  R  N  O  I  Z  W  I  A  U  F  Z
C  H  A  M  P  I  O  N  F  S  T  P  T  Y
T  R  A  N  S  P  I  R  A  T  I  O  N  K
V  I  C  T  O  I  R  E  X  E  O  Y  K  B
J  U  G  E  E  N  T  R  A  Î  N  E  U  R
S  T  R  A  T  É  G  I  E  F  W  R  F  K
```

RESPIRER	SPORTS
FINALISTE	STRATÉGIE
JEUX	ÉQUIPE
CHAMPION	TOURNOI
LIGUE	ENTRAÎNEUR
MÉDAILLE	TRANSPIRATION
MOTIVATION	VICTOIRE
JUGE	

71 - Exploratie

U	B	O	E	X	C	I	T	A	T	I	O	N	Y
I	M	D	U	F	G	U	T	Q	B	N	K	O	G
K	V	P	É	R	I	L	L	E	U	X	D	O	G
L	O	I	N	T	A	I	N	T	R	T	X	É	Z
I	N	C	O	N	N	U	C	V	U	R	C	P	X
V	K	R	P	P	L	X	H	Q	U	R	A	U	J
E	S	P	A	C	E	A	C	K	P	Q	E	I	A
N	O	U	V	E	A	U	N	A	B	O	C	S	N
A	C	T	I	V	I	T	É	G	M	C	O	E	I
Z	M	I	N	O	T	F	I	A	U	N	U	M	M
G	B	G	D	Y	S	T	K	L	N	E	R	E	A
L	N	O	D	A	N	G	E	R	S	J	A	N	U
C	F	D	C	G	S	P	D	T	L	Y	G	T	X
A	P	P	R	E	N	D	R	E	D	T	E	S	W

ACTIVITÉ
CULTURES
ANIMAUX
PÉRILLEUX
DANGERS
APPRENDRE
COURAGE
NOUVEAU

INCONNU
EXCITATION
VOYAGE
ESPACE
LANGUE
TERRAIN
ÉPUISEMENT
LOINTAIN

72 - Voertuigen

```
K N F S K X E Y J L K X T H
R T U K O N F A V É L O R É
L C S X O U G C Q I R N A L
G I É K W W S S W J L Q I I
J A E B M A A M C S E Q N C
C M C U O É T Y A O V X D O
A B A Y T G T T V R O C I P
R U M U E K A R I F I T T T
A L I B U S X A O E T N E È
V A O A R M I C N R U C D R
A N N T C V H T T R R M W E
N C K E X O P E A Y E J B Q
E E L A C I H U R A D E A U
D L G U E N Y R P N E U S H
```

AMBULANCE	SOUS-MARIN
VOITURE	FUSÉE
PNEUS	SCOOTER
BATEAU	TAXI
BUS	TRACTEUR
CARAVANE	TRAIN
VÉLO	FERRY
HÉLICOPTÈRE	AVION
MÉTRO	RADEAU
MOTEUR	CAMION

73 - Geografie

```
L A L T I T U D E F D H M U
P A Y S W T Z E H L T É É F
U B T C A R T E A E X M R P
V I L I Q H U P D U K I I B
J M O N T A G N E V S S D J
X B J J D U D D É E F P I J
O Z Î S N T D D Q V L H E X
V I L L E V H E U Z F È N W
W S E M S Z D J A W K R U P
M O J E U C O N T I N E N T
J O U R D S C O E A T L A S
O B N E B K É R U S H F F O
K N B D S N A D R É G I O N
Y S R J E T N C M D J B J L
```

ATLAS	MÉRIDIEN
MONTAGNE	NORD
LATITUDE	OCÉAN
CONTINENT	RÉGION
ÎLE	FLEUVE
ÉQUATEUR	VILLE
HÉMISPHÈRE	MONDE
ALTITUDE	OUEST
CARTE	MER
PAYS	SUD

74 - Kunstbenodigdheden

```
U Q U H C P C H A R B O N T
B X B D A A O O N I I L R F
B K I F M P L S U X G R E P
F R G M É I L H A L J A A N
S J O T R E E U C C E Q U I
S U M S A R T I R H N U T P
V A M S S K S L Y E C A R A
A M E J D E U E L V R R C S
C H A I S E S H I A E E K T
P E I N T U R E Q L S L U E
V G K B A A H E U E R L T L
P M I X V V B Y E T L E O S
C R A Y O N S L F E L S Q L
A R G I L E A V E B K U W S
```

ACRYLIQUE	COLLE
AQUARELLES	HUILE
BROSSES	PAPIER
CAMÉRA	PASTELS
CHEVALET	CRAYONS
GOMME	CHAISE
CHARBON	TABLE
ENCRE	PEINTURE
ARGILE	EAU
COULEURS	

75 - Barbecues

```
D Z Y F S D L M H N C M O N
I J L S G F R U I T H W W Q
G N P P S X P S A L A D E S
O K V O Q T X I S T U Î A E
U F V I U V O Q N A D N J L
Q C M V T L W U S O E E F N
É T É R M A E E W A G R I L
X D N E L X T T L T U K F L
F A M I L L E I K V Q C V E
L É G U M E S T O M A T E S
O I G N O N S X S N F A I M
F O U R C H E T T E S F T Z
I C O U T E A U X A W S A K
D É J E U N E R H M X H N E
```

DÎNER	MUSIQUE
FAMILLE	POIVRE
FRUIT	SALADES
GRIL	SAUCE
LÉGUMES	TOMATES
CHAUD	OIGNONS
FAIM	INVITATION
POULET	FOURCHETTES
DÉJEUNER	ÉTÉ
COUTEAUX	SEL

76 - Wetenschappelijke Discip

```
M É T É O R O L O G I E U B
J I M M U N O L O G I E B I
U G B M I N É R A L O G I E
A R C H É O L O G I E U O P
D B I O L O G I E B I D C H
J P S Y C H O L O G I E H Y
Y E R B T H L H U Y S C I S
G É O L O G I E I K Z N M I
A S T R O N O M I E K P I O
S O C I O L O G I E J L E L
B O T A N I Q U E E L K P O
K F N U T R I T I O N O D G
N E U R O L O G I E J V Z I
A J D I J M É C A N I Q U E
```

ARCHÉOLOGIE	MÉCANIQUE
ASTRONOMIE	MÉTÉOROLOGIE
BIOCHIMIE	MINÉRALOGIE
BIOLOGIE	NEUROLOGIE
CHIMIE	BOTANIQUE
PHYSIOLOGIE	PSYCHOLOGIE
GÉOLOGIE	SOCIOLOGIE
IMMUNOLOGIE	NUTRITION

77 - Bijvoeglijke Naamwoorden

```
D  P  J  J  F  O  R  T  K  J  S  T  D  P
R  R  S  J  U  S  A  U  V  A  G  E  E  S
A  O  E  S  J  Z  U  F  G  U  S  X  S  A
M  D  T  S  H  C  T  A  Z  Q  T  G  C  L
A  U  I  A  P  R  H  I  A  M  T  N  R  É
T  C  M  P  N  O  E  M  J  Q  Q  Y  I  C
I  T  D  S  O  M  N  O  L  E  N  T  P  R
Q  I  Q  O  C  U  T  S  Q  V  P  P  T  É
U  F  F  A  U  C  I  J  A  O  U  E  I  A
E  E  X  I  O  É  Q  K  I  B  R  V  F  T
N  O  U  V  E  A  U  H  K  F  L  M  T  I
I  N  A  T  U  R  E  L  M  F  V  E  T  F
I  N  T  É  R  E  S  S  A  N  T  F  O  L
W  Q  F  A  T  I  G  U  É  S  A  I  N  K
```

AUTHENTIQUE	NOUVEAU
DOUÉ	PRODUCTIF
DESCRIPTIF	SOMNOLENT
CRÉATIF	FORT
DRAMATIQUE	FIER
SAIN	RESPONSABLE
FAIM	SAUVAGE
INTÉRESSANT	SALÉ
FATIGUÉ	PUR
NATUREL	

78 - Kleding

```
G E C N I F Q P S L C C F C
P A N T A L O N B K H O O H
U O B J K F M W R S A L U E
L M A N T E A U A A U L L M
L Z T J A G V T C N S I A I
C H A U S S U R E D S E R S
M W R P O C P A L A E R D I
W T I E I N E T E L T G W E
C H A P E A U I T E T A M R
W X H B W K E X N S E N O P
L M O K L F U R R T S T D Z
V E S T E I E S U O U S E A
P Y J A M A E Y Z R B R I D
C H E M I S E R F A T E E L
```

BRACELET	PYJAMA
CHEMISIER	CEINTURE
PANTALON	JUPE
GANTS	SANDALES
CHAPEAU	CHAUSSURE
MANTEAU	TABLIER
VESTE	CHEMISE
ROBE	FOULARD
COLLIER	CHAUSSETTES
MODE	PULL

79 - Vliegtuigen

```
P R N A V I G U E R H É C A
Q A T H V N P Y E V A Q A T
J H S R D E S I G N U U R M
P J I S E E N P N J T I B O
M F X S A G P T H T E P U S
A G P W T G Z K U U U A R P
V S Y T J O E F K R R G A H
L V T O C A I R X B E E N È
P I L O T E A R O U R Q T R
M O T E U R U K E L D Z Y E
R R Q V E D E S C E N T E M
B A L L O N D Z I N A Y K R
C F D K G D I R E C T I O N
P I C C T J T B L E M G Z D
```

DESCENTE
ATMOSPHÈRE
AVENTURE
BALLON
ÉQUIPAGE
CARBURANT
HISTOIRE
CIEL
HAUTEUR

AIR
MOTEUR
NAVIGUER
DESIGN
PASSAGER
PILOTE
DIRECTION
TURBULENCE

80 - Herbalisme

```
E  U  X  S  M  V  P  R  S  A  V  E  U  R
O  S  V  E  R  T  F  O  S  R  W  S  F  M
L  R  T  K  F  H  L  M  Q  O  Y  L  E  K
C  A  I  R  K  Y  E  A  J  M  Y  A  N  J
U  U  V  G  A  M  U  R  A  A  C  I  O  V
L  U  K  A  A  G  R  I  R  T  Z  N  U  K
I  S  A  R  N  N  O  N  D  I  C  G  I  H
N  A  V  C  Y  D  P  N  I  Q  C  R  L  C
A  F  U  I  T  S  E  X  N  U  C  É  M  Z
I  R  I  E  N  I  R  C  H  E  Y  D  N  H
R  A  A  I  L  F  S  Q  U  A  L  I  T  É
E  N  R  N  A  X  I  O  X  A  N  E  T  H
I  M  A  R  J  O  L  A  I  N  E  N  T  Z
B  A  S  I  L  I  C  O  H  Z  P  T  R  G
```

AROMATIQUE	LAVANDE
BASILIC	MARJOLAINE
FLEUR	ORIGAN
CULINAIRE	PERSIL
ANETH	ROMARIN
ESTRAGON	SAFRAN
VERT	SAVEUR
INGRÉDIENT	THYM
AIL	JARDIN
QUALITÉ	FENOUIL

81 - Meubels

```
Y  L  Z  F  L  É  P  G  P  F  D  T  I  C
A  Q  Y  A  U  Z  T  A  P  I  S  T  F  O
V  M  F  U  T  O  N  A  L  I  T  N  M  M
R  G  D  T  I  E  P  R  G  A  R  V  N  M
G  W  G  E  H  A  M  A  C  È  M  R  G  O
S  U  P  U  O  M  I  R  O  I  R  P  M  D
B  S  T  I  M  A  T  E  L  A  S  E  E  E
B  I  B  L  I  O  T  H  È  Q  U  E  S  Y
A  U  C  O  U  S  S  I  N  S  D  V  T  B
N  O  R  E  I  L  L  E  R  A  I  L  K  F
C  L  E  E  S  G  K  S  A  H  J  U  P  L
Z  C  C  H  A  I  S  E  F  E  Z  W  Y  K
R  I  D  E  A  U  X  R  K  F  L  Y  X  Q
S  Z  A  S  C  T  I  S  H  L  G  K  S  O
```

BANC	OREILLER
LIT	COUSSINS
BIBLIOTHÈQUE	LAMPE
BUREAU	MATELAS
COMMODE	ÉTAGÈRES
FAUTEUIL	MIROIR
FUTON	CHAISE
RIDEAUX	TAPIS
HAMAC	

82 - Piraten

```
P  S  O  T  T  B  N  C  U  L  F  Î  L  E
F  L  X  G  U  R  N  D  H  M  N  C  É  N
K  S  A  X  C  H  É  W  B  W  X  N  G  G
O  R  M  G  H  U  K  S  K  X  N  P  E  B
C  A  R  T  E  M  W  Y  O  P  G  O  N  O
É  I  M  A  U  V  A  I  S  R  B  W  D  U
A  N  C  R  E  W  F  Q  J  U  M  U  E  S
N  M  D  A  N  G  E  R  T  R  C  A  N  S
R  G  R  O  T  T  E  I  X  C  E  H  I  O
T  D  A  P  E  R  R  O  Q  U  E  T  C  L
C  A  P  I  T  A  I  N  E  É  P  É  E  E
K  O  E  O  I  M  D  C  J  W  S  B  M  C
C  C  A  E  J  O  A  V  E  N  T  U  R  E
U  A  U  M  É  Q  U  I  P  A  G  E  L  C
```

ANCRE	LÉGENDE
AVENTURE	CICATRICE
ÉQUIPAGE	OCÉAN
ÎLE	PERROQUET
DANGER	RHUM
OR	TRÉSOR
GROTTE	MAUVAIS
CARTE	PLAGE
CAPITAINE	DRAPEAU
BOUSSOLE	ÉPÉE

83 - Om in te Vullen

```
Z  J  V  I  M  M  W  B  E  D  X  H  T  P
I  L  S  I  L  F  S  B  A  S  S  I  N  A
B  A  R  I  L  Z  P  E  O  C  A  P  I  N
E  N  V  E  L  O  P  P  E  Î  C  A  C  I
Y  Z  Q  Z  B  U  T  J  K  O  T  E  A  E
P  A  Q  U  E  T  P  E  D  P  Z  E  I  R
R  O  D  C  H  U  I  L  V  A  S  E  S  K
C  P  H  O  A  O  E  L  A  L  T  G  S  L
X  B  I  V  S  E  A  U  L  T  U  B  E  F
E  Z  W  X  W  S  I  U  I  I  E  R  O  D
C  A  R  T  O  N  I  W  S  R  M  A  T  W
U  E  Y  X  H  E  C  E  E  O  B  D  U  Z
S  R  U  J  W  C  V  H  R  I  N  E  Y  F
B  O  U  T  E  I  L  L  E  R  P  O  T  U
```

BASSIN	CAISSE
TUBE	TIROIR
PLATEAU	PANIER
BOÎTE	DOSSIER
SEAU	PAQUET
ENVELOPPE	POT
BOUTEILLE	VASE
CARTON	BARIL
VALISE	SAC

84 - Surfen

```
A  P  A  G  A  I  E  E  F  Y  A  M  M  K
A  T  F  V  D  M  D  X  X  J  C  R  O  M
M  T  H  O  B  B  B  T  G  A  R  W  U  N
U  G  P  L  R  M  V  R  É  C  I  F  S  A
S  V  M  D  È  C  Q  Ê  D  M  P  G  S  E
E  L  T  N  M  T  E  M  K  F  D  E  E  W
M  É  T  É  O  S  E  E  D  B  É  H  U  C
E  C  H  A  M  P  I  O  N  T  B  K  A  Q
N  V  I  T  E  S  S  E  F  O  U  L  E  S
T  V  S  T  Y  L  E  U  T  K  T  O  W  Y
P  L  A  G  E  E  S  T  O  M  A  C  A  D
O  N  A  G  E  R  C  H  H  M  N  É  P  W
N  P  O  P  U  L  A  I  R  E  T  A  F  F
Y  A  X  J  C  E  S  G  T  U  S  N  T  N
```

ATHLÈTE	AMUSEMENT
DÉBUTANT	POPULAIRE
EXTRÊME	RÉCIF
VAGUE	MOUSSE
CHAMPION	VITESSE
FORCE	STYLE
ESTOMAC	PLAGE
FOULES	MÉTÉO
OCÉAN	NAGER
PAGAIE	

85 - Rijden

```
I  K  P  H  Q  T  V  N  E  R  C  R  K  W
O  G  K  V  K  J  I  X  O  V  A  O  C  C
K  Z  W  M  R  V  T  V  J  A  R  U  A  L
A  O  D  A  N  G  E  R  G  S  B  T  M  I
C  H  F  V  A  X  S  N  Z  A  U  E  I  C
C  T  M  C  P  W  S  F  R  C  R  Q  O  E
I  P  O  L  I  C  E  R  U  E  A  A  N  N
D  V  T  S  É  L  T  E  S  W  N  R  G  C
E  H  E  M  T  H  M  I  O  F  T  X  T  E
N  N  U  M  O  T  O  N  G  A  Z  C  R  E
T  Y  R  F  N  I  J  S  A  E  J  L  A  U
W  V  V  O  I  T  U  R  E  Q  O  P  F  Y
S  É  C  U  R  I  T  É  C  C  E  A  I  M
C  D  C  B  J  S  T  U  N  N  E  L  C  N
```

VOITURE	POLICE
CARBURANT	FREINS
GARAGE	VITESSE
GAZ	RUE
DANGER	TUNNEL
CARTE	SÉCURITÉ
LICENCE	TRAFIC
MOTEUR	PIÉTON
MOTO	CAMION
ACCIDENT	ROUTE

86 - Wetenschap

```
É  V  O  L  U  T  I  O  N  H  F  M  K  K
E  X  P  É  R  I  E  N  C  E  A  Z  C  O
N  P  H  Y  S  I  Q  U  E  H  I  X  L  B
D  G  R  A  V  I  T  É  M  L  T  F  I  S
O  O  P  K  E  P  V  Z  O  A  T  O  M  E
H  R  N  A  T  U  R  E  L  B  C  S  A  R
M  Y  G  N  S  H  J  W  É  O  H  S  T  V
É  L  P  A  É  J  C  U  C  R  I  I  V  A
T  I  S  O  N  E  X  L  U  A  M  L  C  T
H  V  H  P  T  I  S  D  L  T  I  E  X  I
O  Y  Q  F  V  H  S  S  E  O  Q  O  K  O
D  J  I  O  H  N  È  M  S  I  U  I  B  N
E  K  G  P  M  K  M  S  E  R  E  G  E  Q
M  I  N  É  R  A  U  X  E  E  O  C  O  X
```

ATOME	LABORATOIRE
CHIMIQUE	MÉTHODE
ÉVOLUTION	MINÉRAUX
EXPÉRIENCE	MOLÉCULES
FAIT	NATURE
FOSSILE	PHYSIQUE
DONNÉES	OBSERVATION
HYPOTHÈSE	ORGANISME
CLIMAT	GRAVITÉ

87 - Hulpmiddelen

```
R  V  I  S  I  O  E  D  V  E  C  H  W  V
È  A  G  R  A  F  E  U  S  E  O  A  H  G
G  F  S  T  V  A  W  C  T  X  L  C  L  M
L  B  W  O  R  J  F  H  K  X  L  H  D  A
E  X  S  R  I  A  G  R  A  F  E  E  E  R
R  W  I  C  P  R  C  I  S  E  A  U  X  T
C  É  C  H  E  L  L  E  P  O  V  P  W  E
O  O  V  E  E  A  P  I  Q  I  K  J  R  A
R  O  U  E  U  N  E  T  V  S  N  H  V  U
D  C  T  T  M  M  L  E  N  S  W  C  G  X
E  Â  I  V  E  N  L  U  T  X  Q  H  E  D
M  B  Q  U  W  A  E  Q  H  K  O  L  G  S
B  L  T  U  A  S  U  P  Z  A  N  B  W  J
X  E  D  M  A  V  U  Y  F  L  D  X  D  F
```

HACHE	AGRAFEUSE
TORCHE	CISEAUX
MARTEAU	RASOIR
RÈGLE	PELLE
CÂBLE	VIS
ÉCHELLE	PINCES
COLLE	CORDE
COUTEAU	ROUE
AGRAFE	

88 - Speelgoed

```
T  S  Q  V  A  B  T  L  Y  S  T  W  T  L
Q  L  O  C  R  A  F  A  V  O  R  I  R  I
D  G  K  F  T  T  C  M  Z  L  G  A  V
C  U  E  D  I  E  Z  É  C  B  O  A  I  R
V  V  R  J  S  A  P  C  E  A  O  W  N  E
P  Y  C  E  A  U  O  H  R  L  M  U  A  S
E  U  Y  U  N  R  U  E  F  L  C  J  R  P
I  V  Z  X  A  E  P  C  V  E  A  C  G  S
N  A  I  Z  T  Y  É  S  O  J  M  J  I  C
T  O  V  É  L  O  E  G  L  S  I  U  L  F
U  T  Z  I  G  E  R  R  A  B  O  J  E  Q
R  C  C  M  O  V  S  B  N  L  N  X  O  M
E  D  P  J  M  N  R  K  T  A  W  G  R  H
V  O  I  T  U  R  E  A  R  O  B  O  T  L
```

ARTISANAT	POUPÉE
VOITURE	PUZZLE
BALLE	ROBOT
LIVRES	ÉCHECS
BATEAU	TRAIN
TAMBOURS	PEINTURE
FAVORI	CERF-VOLANT
VÉLO	AVION
JEUX	CAMION
ARGILE	

89 - Muziekinstrumenten

```
Z  I  A  Z  G  Y  G  U  I  T  A  R  E  P
M  A  N  D  O  L  I  N  E  A  M  U  T  E
T  L  B  Z  N  M  A  R  I  M  B  A  R  R
V  R  L  Z  G  B  Q  Z  X  B  L  O  O  C
F  I  O  V  B  A  N  J  O  O  I  H  M  U
O  L  O  M  J  S  P  O  D  U  F  A  P  S
B  J  Û  L  B  S  N  M  P  R  H  R  E  S
A  J  O  T  O  O  L  L  I  W  A  M  T  I
N  U  C  R  E  N  N  Z  A  B  R  O  T  O
V  I  O  L  O  N  C  E  N  R  P  N  E  N
L  T  D  O  J  L  T  E  O  I  E  I  O  P
H  A  U  T  B  O  I  S  L  B  D  C  L  K
T  A  M  B  O  U  R  I  N  L  R  A  E  B
C  L  A  R  I  N  E  T  T  E  E  H  U  T
```

BANJO	MARIMBA
VIOLONCELLE	HARMONICA
BASSON	PERCUSSION
FLÛTE	PIANO
GUITARE	TAMBOURIN
GONG	TROMBONE
HARPE	TAMBOUR
HAUTBOIS	TROMPETTE
CLARINETTE	VIOLON
MANDOLINE	

90 - Activiteiten en Vrije Ti

```
C O U R S E S T G G A Q J W
A V M V O L L E Y B A L L A
M X H O T K Q T E Y R F A W
P F C Y K H P O X C T A W D
I O B A S K E T B A L L T X
N O J G R A B O X E F N V T
G T A E E R A N D O N N É E
O B R P L H S U R F X H A N
L A D Ê A P E I N T U R E N
F L I C X B B Y O A J O E I
J L N H A E A Q H E G B X S
E A A E N P L O N G É E C Y
X F G C T F L K M S T T R T
N E E P A S S E T E M P S U
```

BASKET-BALL	COURSE
BOXE	VOYAGE
PLONGÉE	PEINTURE
GOLF	SURF
PÊCHE	TENNIS
PASSE-TEMPS	JARDINAGE
BASE-BALL	FOOTBALL
CAMPING	VOLLEY-BALL
ART	RANDONNÉE
RELAXANT	NAGER

91 - Water

```
G E O B K C O V A P E U R A
Q E U O E A U A U U O Z O F
H U Y G X N R G Q Y W F B K
U N O S M A A U L Y V A K Z
M X Q X E L G E A A K V M G
I F U O S R A S C O C N W G
D O U C H E N C X Q T E P N
E M G P I N O N D A T I O N
R F O L P Z D E F Z K Z T J
S V H U M I D I T É Q N A R
G K K I S B Y G O R Q X B A
U G V E S S K E P H F G L E
F L E U V E O C É A N E E K
B Q V H D J K N Y V W L G J
```

DOUCHE	OURAGAN
POTABLE	INONDATION
GEYSER	PLUIE
VAGUES	FLEUVE
GLACE	NEIGE
CANAL	VAPEUR
LAC	HUMIDE
MOUSSON	HUMIDITÉ
OCÉAN	GEL

92 - Schaken

```
I  H  U  K  N  R  D  É  F  I  S  L  B  T
P  D  I  A  G  O  N  A  L  N  N  A  S  E
S  A  G  B  S  I  J  V  F  T  U  Y  A  M
H  A  S  J  O  U  E  U  R  E  W  P  H  P
R  K  C  S  P  Y  U  V  B  L  A  N  C  S
S  E  B  R  I  F  Q  N  B  L  U  C  O  J
J  N  I  C  I  F  A  D  Q  I  K  A  N  F
V  Y  R  N  Q  F  E  B  X  G  P  T  C  K
R  I  F  K  E  L  I  S  M  E  O  O  O  B
O  A  U  O  J  X  S  C  O  N  I  U  U  H
R  È  G  L  E  S  O  C  E  T  N  R  R  G
A  D  V  E  R  S  A  I  R  E  T  N  S  W
S  T  R  A  T  É  G  I  E  R  S  O  R  B
N  O  I  R  D  N  C  H  A  M  P  I  O  N
```

DIAGONAL	JOUEUR
CHAMPION	STRATÉGIE
ROI	ADVERSAIRE
REINE	TEMPS
SACRIFICE	TOURNOI
PASSIF	DÉFIS
POINTS	CONCOURS
RÈGLES	BLANC
INTELLIGENT	NOIR
JEU	

93 - Boerderij #1

```
M  E  J  P  L  V  E  A  U  L  N  G  C  P
M  M  E  O  I  D  A  E  U  V  M  A  H  K
Â  D  Q  N  N  L  U  C  O  R  B  E  A  U
P  N  R  T  G  R  A  I  N  E  S  A  M  C
X  M  E  H  R  R  C  H  È  V  R  E  P  O
A  Y  I  F  A  I  A  E  J  M  C  C  Z  W
B  C  D  O  Z  Z  M  I  E  L  H  H  U  M
E  L  N  I  L  Q  S  T  S  Y  E  I  A  X
I  Ô  L  N  T  G  H  S  A  E  V  E  B  T
L  T  R  O  U  P  E  A  U  P  A  N  K  V
L  U  R  W  H  R  O  P  O  U  L  E  T  A
E  R  A  G  R  I  C  U  L  T  U  R  E  C
Y  E  B  U  O  U  M  X  D  C  J  P  R  H
V  Y  B  Z  T  G  T  J  U  T  V  D  S  E
```

ABEILLE	VACHE
ÂNE	CORBEAU
CHÈVRE	TROUPEAU
CLÔTURE	AGRICULTURE
CHIEN	ENGRAIS
MIEL	CHEVAL
FOIN	RIZ
VEAU	CHAMP
CHAT	EAU
POULET	GRAINES

94 - Huis

```
P O R T E I P D D E C H G N
D B M I R O I R U C H T Q J
D I B D J M E G A U E A O Y
C B A L A I W I X I M P Y S
M L A M P E G N W S I L B O
G I Ô N D C V K P I N A A U
R O U T O C L W F N É F D S
E T M A U O H G T E E O J S
N H Q P C R H A E O G N A O
I È D I H Z E R M T I D R L
E Q F S E Y B A U B X T D U
R U D I T H O G R R R C I S
F E S C A L I E R R X E N J
S M E U B L E S O X M T A T
```

BALAI	CUISINE
BIBLIOTHÈQUE	LAMPE
TOIT	MEUBLES
PORTE	MUR
DOUCHE	PLAFOND
GARAGE	MIROIR
CHEMINÉE	TAPIS
CLÔTURE	ESCALIER
CHAMBRE	JARDIN
SOUS-SOL	GRENIER

95 - Kleuren

```
K Z S K H Z V P K K G E J F
Z W F É A M R A O L I U S D
R B N V P W A E Q Q Z E A B
O L C N P I W R F Q Z B Z J
U M P H J O A V R B L E U A
G V I O L E T Q E O D I R U
E C X K R U T O O R N G R N
U Y B V O D G R I S T E V E
M A G E N T A O R A N G E D
F U C H S I A S V U O N N K
X R Y E V C E E D Z I V X M
B L A N C S O V M Q R X Q S
O I N D I G O P H B J X Y F
B A C S S O F A L H K A H L
```

AZUR	INDIGO
BEIGE	MAGENTA
BLEU	ORANGE
MARRON	VIOLET
CYAN	ROUGE
FUCHSIA	ROSE
JAUNE	SÉPIA
GRIS	BLANC
VERT	NOIR

96 - Verjaardag

```
S  I  F  Ê  T  E  J  J  O  Y  E  U  X  L
P  C  N  Z  W  D  O  S  W  N  K  U  F  J
É  A  B  V  R  P  U  B  B  É  D  W  Q  I
C  D  O  Y  I  V  R  C  A  R  T  E  S  I
I  E  U  G  Â  T  E  A  U  J  E  U  N  E
A  A  G  V  C  H  A  N  S  O  N  S  H  R
L  U  I  W  I  E  N  T  A  G  A  A  L  L
O  V  E  Q  C  N  N  H  I  M  B  G  E  I
Z  R  S  N  N  Y  É  Y  E  O  I  E  V  T
Q  C  Q  D  X  I  E  L  X  U  N  S  F  E
A  M  U  S  E  M  E  N  T  Z  R  S  I  M
Z  H  B  C  A  L  E  N  D  R  I  E  R  P
A  P  P  R  E  N  D  R  E  G  F  U  U  S
V  S  Z  O  T  Q  B  Y  N  A  Q  K  P  X
```

JOYEUX	CALENDRIER
GÂTEAU	APPRENDRE
JOUR	CHANSON
NÉ	AMUSEMENT
HEUREUX	SPÉCIAL
CADEAU	TEMPS
ANNÉE	INVITATIONS
JEUNE	FÊTE
BOUGIES	AMIS
CARTES	SAGESSE

97 - Getallen

```
Q L I L C R U A C Y D A V V
U U N E U F N Y L C I N Q K
A E A D I X S E P T X K M E
T X X T F H V D J B N N U P
R E Q R O Q U I N Z E R C X
E H T E R R L X N N U H D Z
E R N I N D Z S T G F U E S
K U S Z L O É E G R T I U K
S I X E W U R I F Z O T X N
J U G M C Z O Z G C V I Q Z
Z C W O O E E E Z U N A S K
D I X H U I T Y C V T E E E
X Z Q Z S S Y O V V Y L P S
B G D G L I U I T S V B T I
```

HUIT	DEUX
DIX-HUIT	VINGT
TREIZE	QUATORZE
TROIS	QUATRE
UN	CINQ
NEUF	QUINZE
DIX-NEUF	SIX
ZÉRO	SEIZE
DIX	SEPT
DOUZE	DIX-SEPT

98 - Boerderij #2

```
M W A L É G U M E A T U K O
X A F A V A B J O O R A D N
A G N E A U N K G R A N G E
F R U I T K U I J G C Q M M
I I P Y U U W U M E T D O O
K C R U C H E N L A E X U U
B U É V E R G E R W U Y T L
K L S B B Y T B L I R X O I
E T É E V C E R F L X F N N
L E N R M A B T G M A Ï S À
A U L G F N B I A V S H L V
M R A E V A R J D T G K V E
A M I R I R R I G A T I O N
I D T S D D Y V M H I X T T
```

RUCHE	AGNEAU
AGRICULTEUR	LAMA
VERGER	MAÏS
ANIMAUX	LAIT
CANARD	MOUTON
FRUIT	GRANGE
ORGE	BLÉ
LÉGUME	TRACTEUR
BERGER	PRÉ
IRRIGATION	MOULIN À VENT

99 - Voeding

```
X  X  F  M  S  A  V  E  U  R  B  Q  V  D
C  G  C  J  A  D  I  È  T  E  J  U  I  I
S  V  G  L  U  C  I  D  E  S  S  A  T  G
A  M  E  R  C  E  C  C  H  A  L  A  E
I  U  H  T  E  X  P  E  S  R  N  I  M  S
N  P  R  O  T  É  I  N  E  S  T  T  I  T
C  A  L  O  R  I  E  S  P  P  É  É  N  I
C  E  É  Q  U  I  L  I  B  R  É  Y  E  O
F  E  R  M  E  N  T  A  T  I  O  N  C  N
C  O  M  E  S  T  I  B  L  E  O  P  E  Q
N  U  T  R  I  T  I  F  H  P  R  O  I  N
F  Z  A  P  P  É  T  I  T  O  X  I  N  E
F  K  P  U  A  S  H  N  B  Y  Y  D  R  V
X  U  L  I  Q  U  I  D  E  S  B  S  C  H
```

AMER	SANTÉ
CALORIES	GLUCIDES
DIÈTE	QUALITÉ
COMESTIBLE	SAUCE
APPÉTIT	SAVEUR
PROTÉINES	DIGESTION
ÉQUILIBRÉ	TOXINE
FERMENTATION	VITAMINE
POIDS	LIQUIDES
SAIN	NUTRITIF

1 - Metingen
2 - Keuken
3 - Boten
4 - Chocolade
5 - Tijd
6 - Meditatie
7 - Zomer
8 - Vogels
9 - Behoud
10 - Wiskunde
11 - Camping
12 - Activiteiten

13 - Vormen

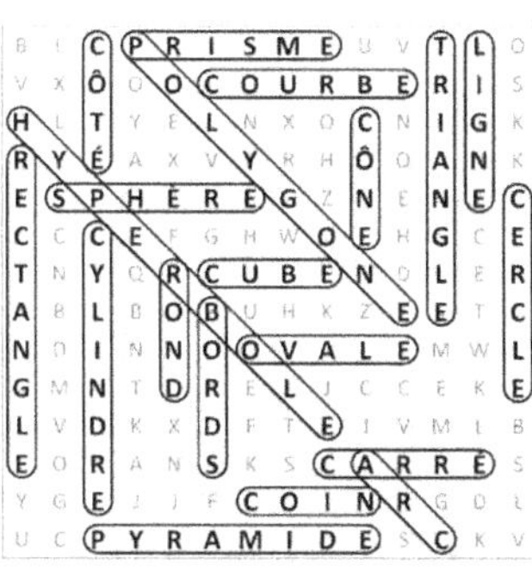

14 - Astronomie

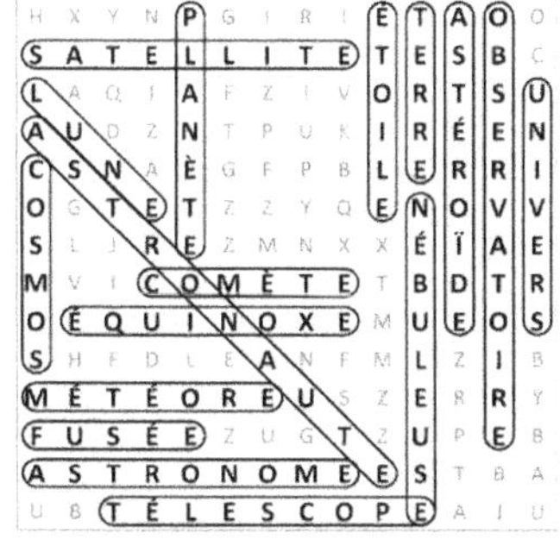

15 - Emoties

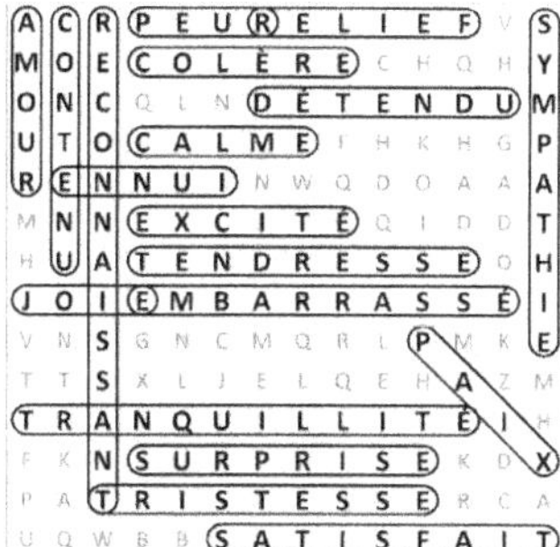

16 - Vakantie #2

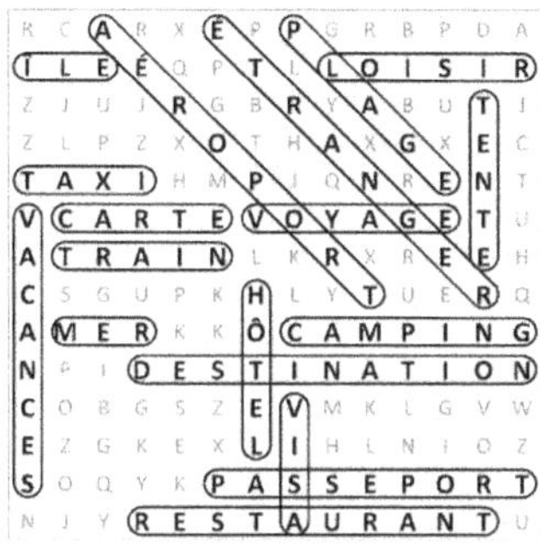

17 - Weersomstandigh

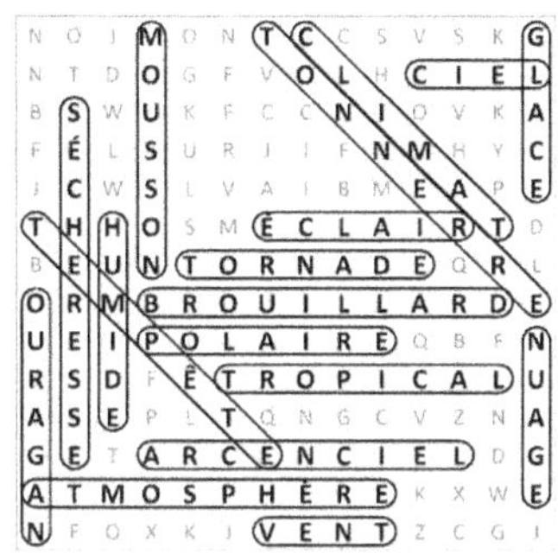

18 - Strand

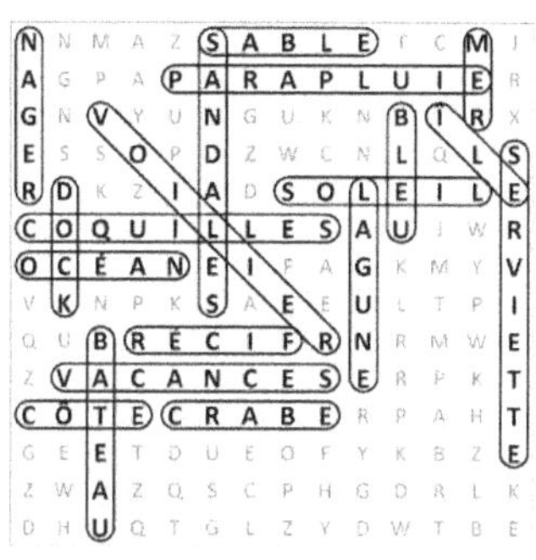

19 - Eten #2

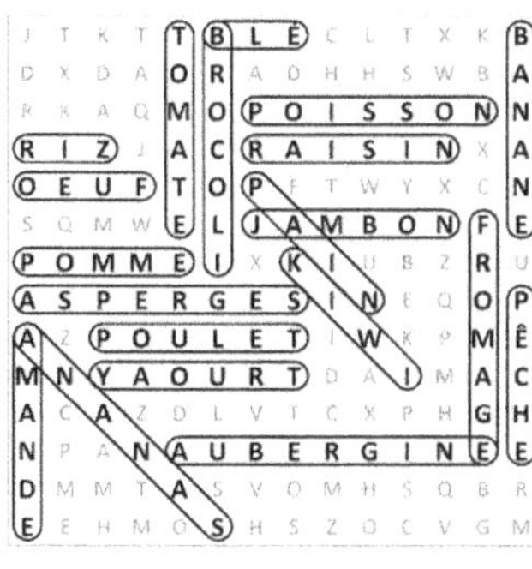

20 - Klimmen

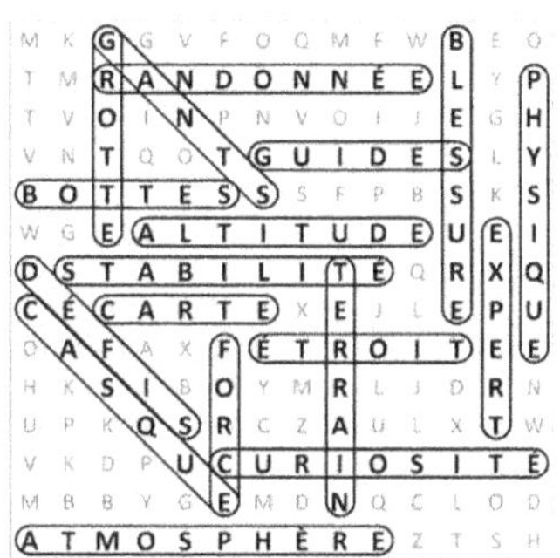

21 - Restaurant #1

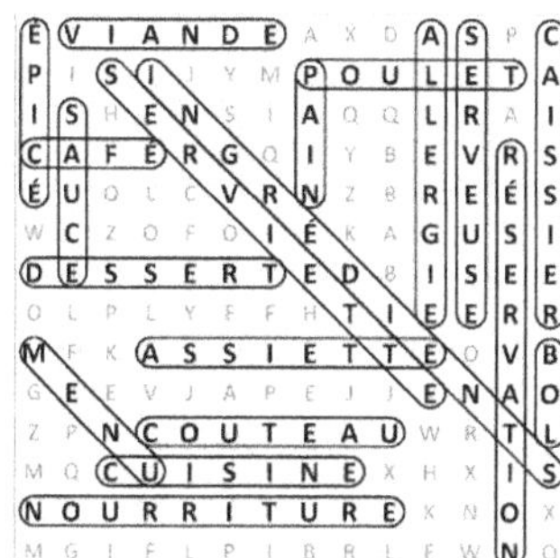

22 - Geologie

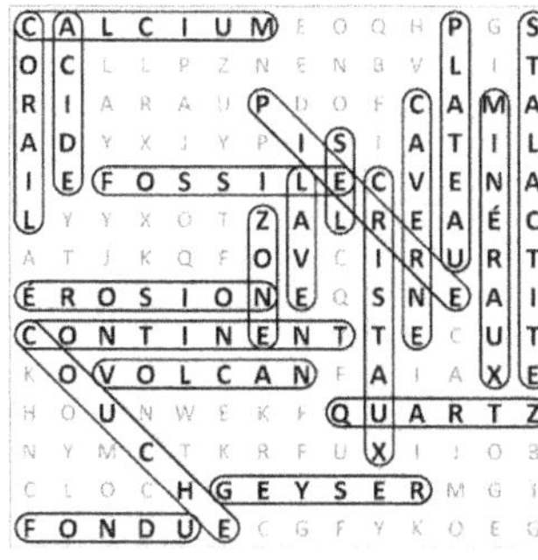

23 - Specerijen

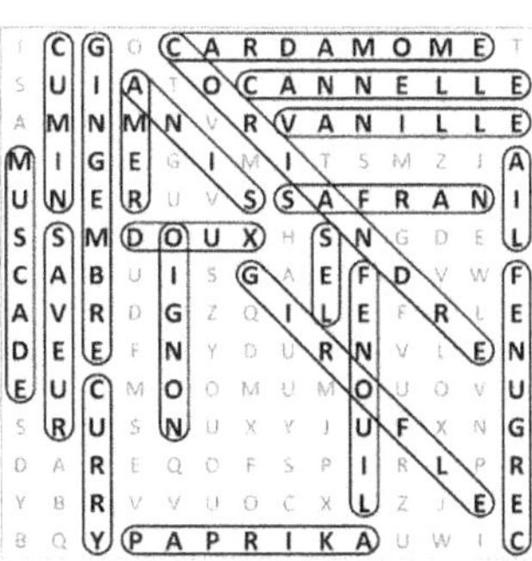

24 - Groenten

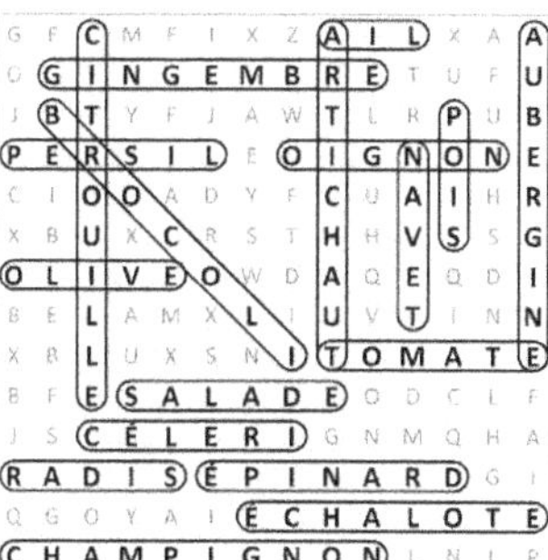

25 - Dans

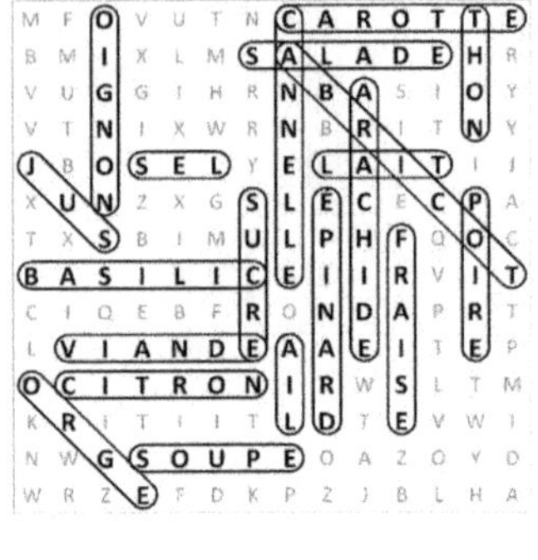

26 - Sport

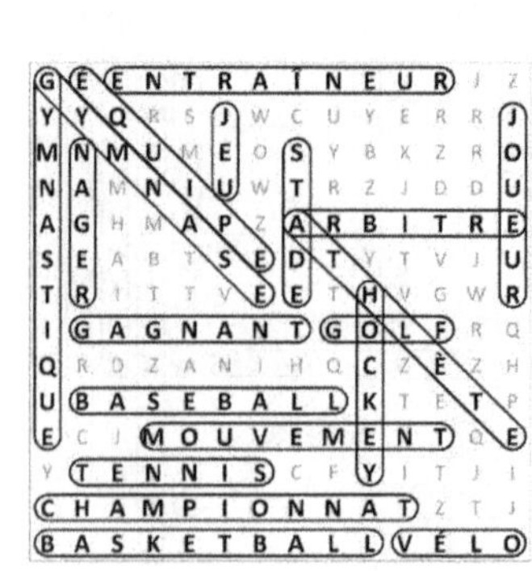

27 - Mythologie

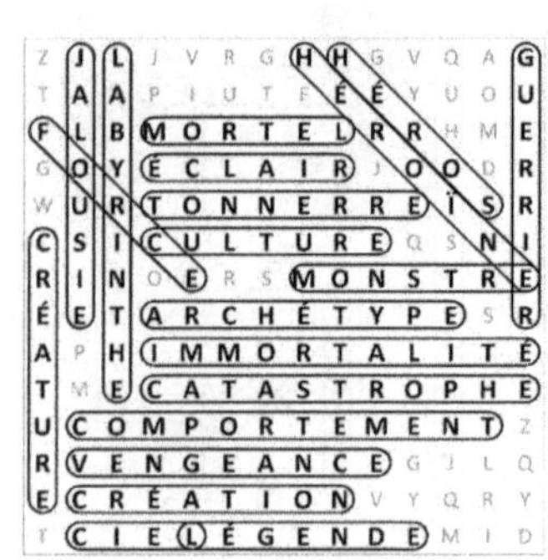

28 - Eten #1

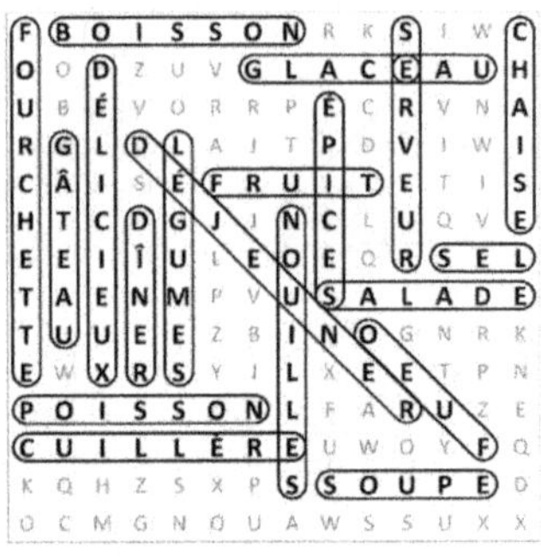

29 - Avontuur

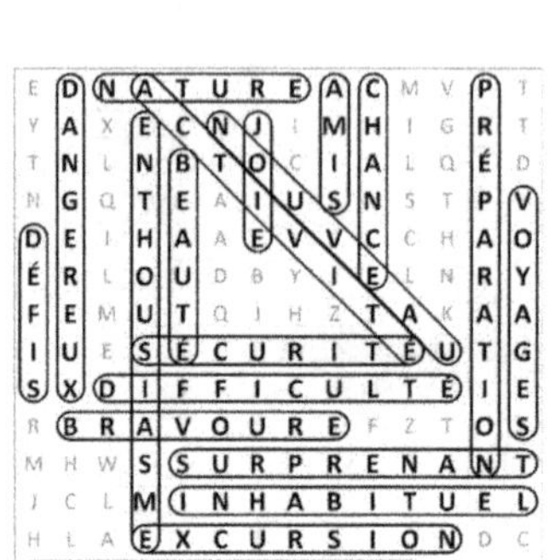

30 - Circus

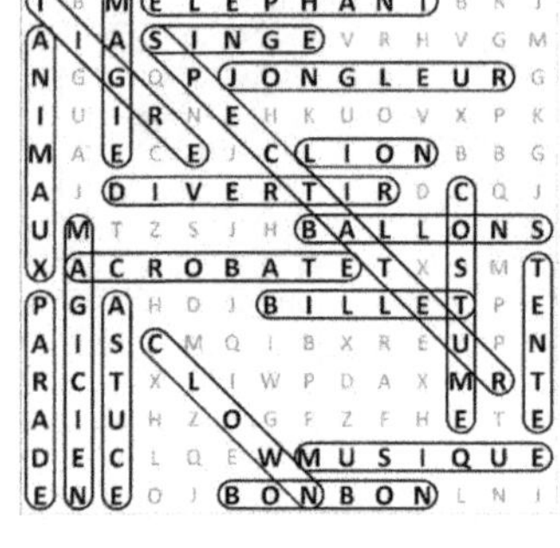

31 - Restaurant #2

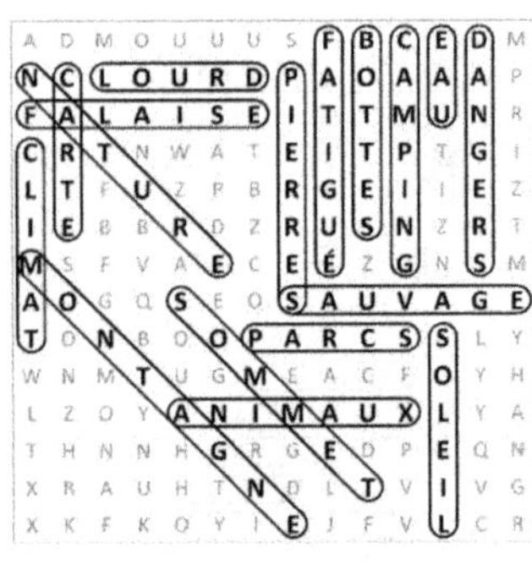

32 - Bijen

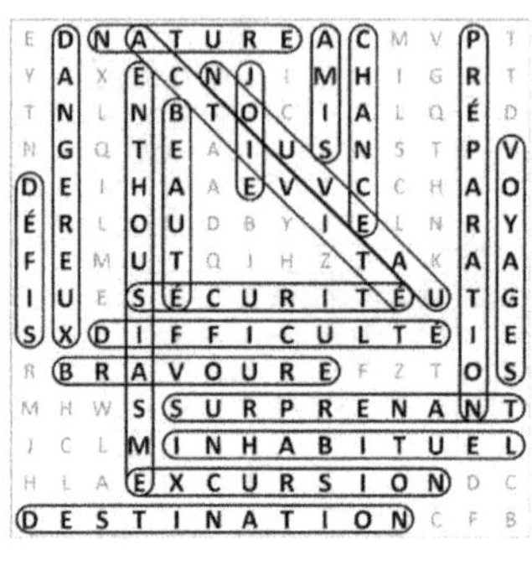

33 - School #1

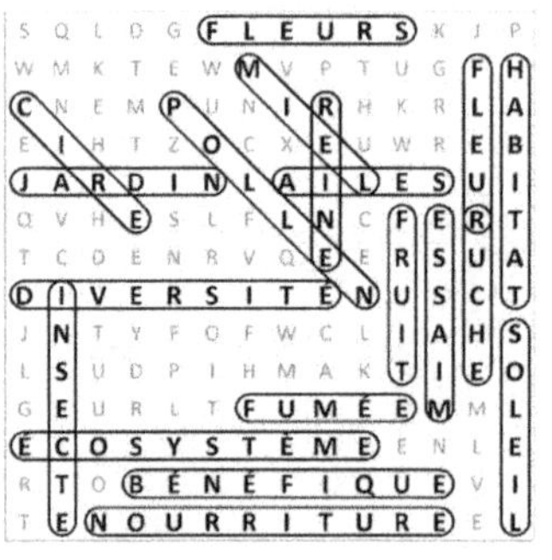

34 - Wandelen

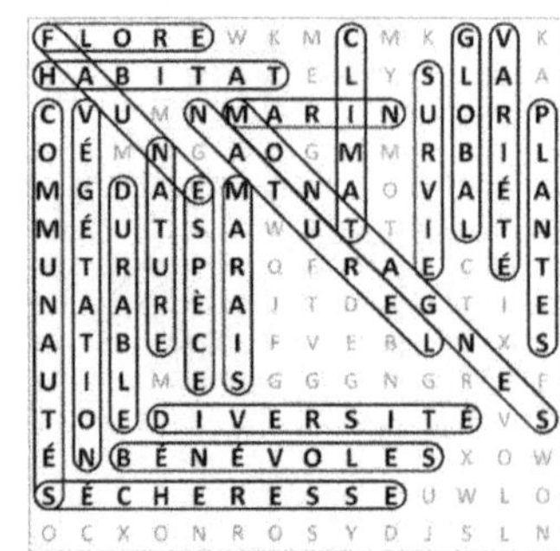

35 - Ecologie

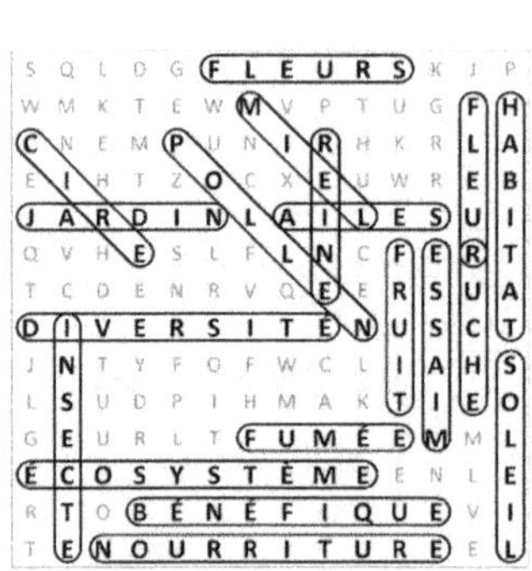

36 - Installaties

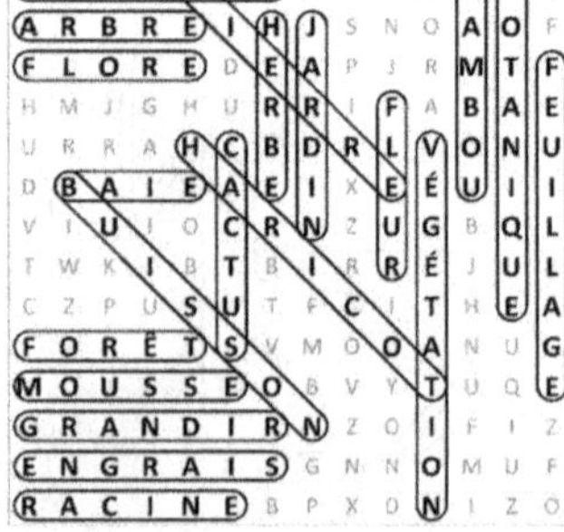

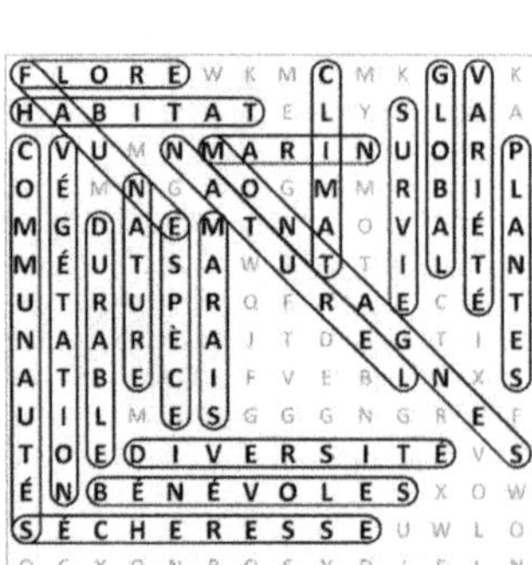

37 - School #2

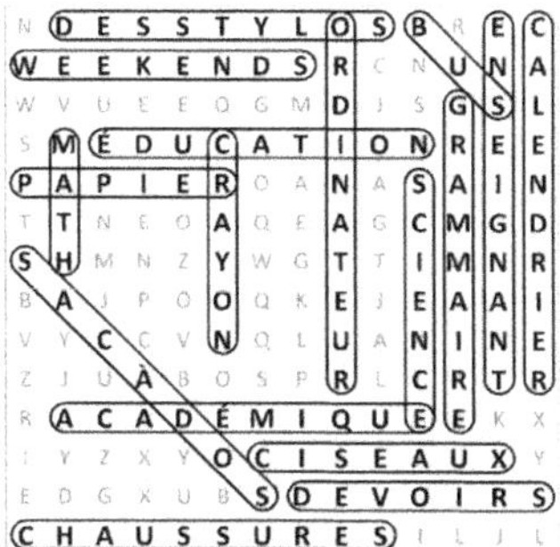

38 - Oceaan

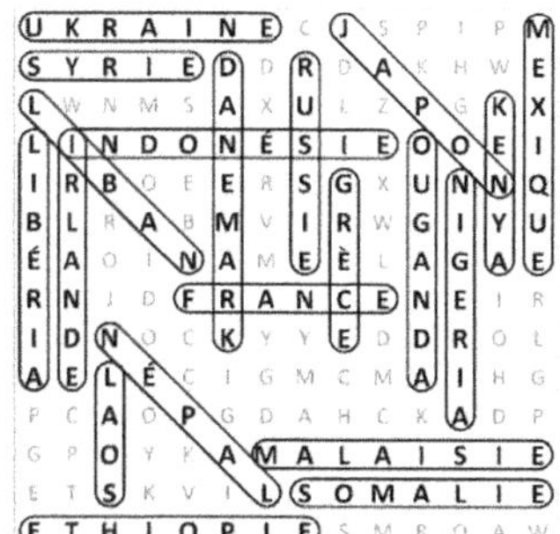

39 - Landen #2

40 - Bloemen

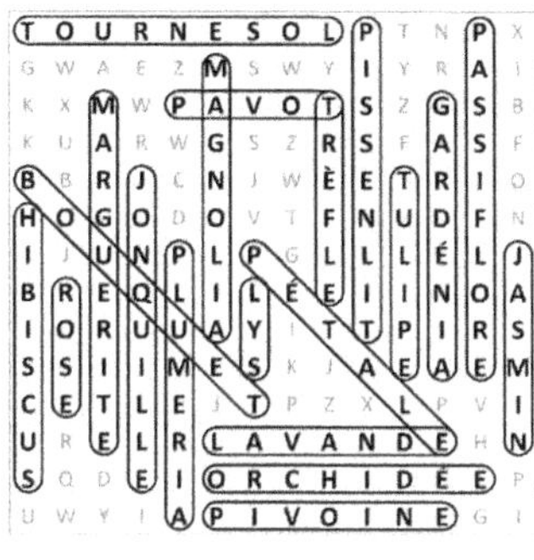

41 - Huisdieren

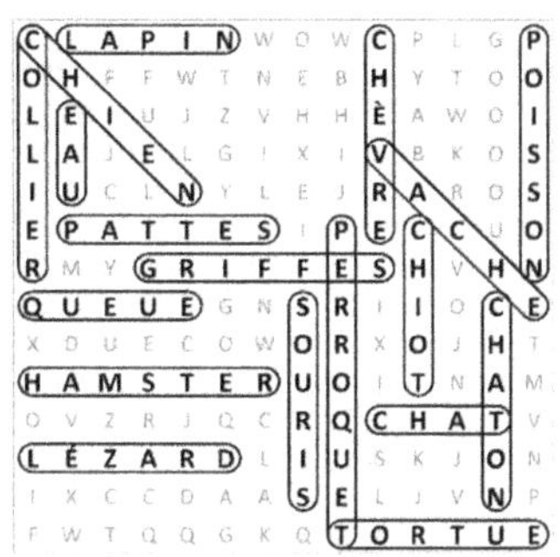

42 - Landschappen

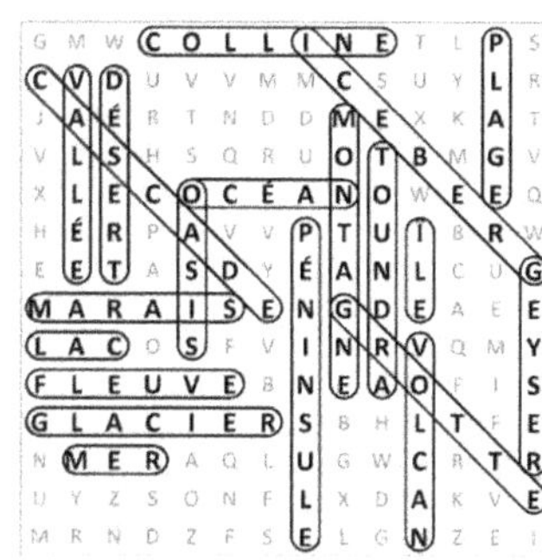

43 - Tuin

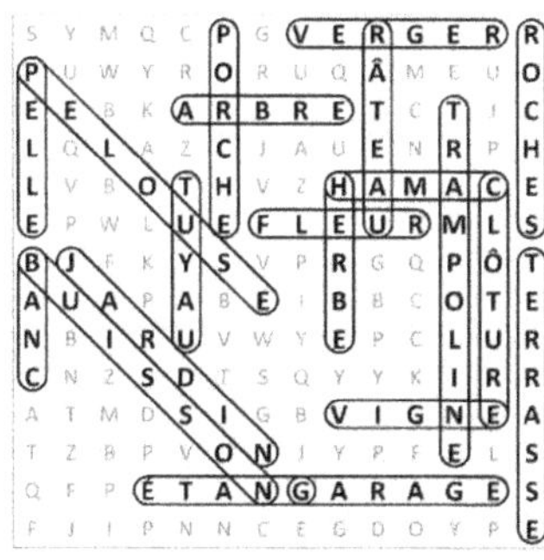

44 - Katten

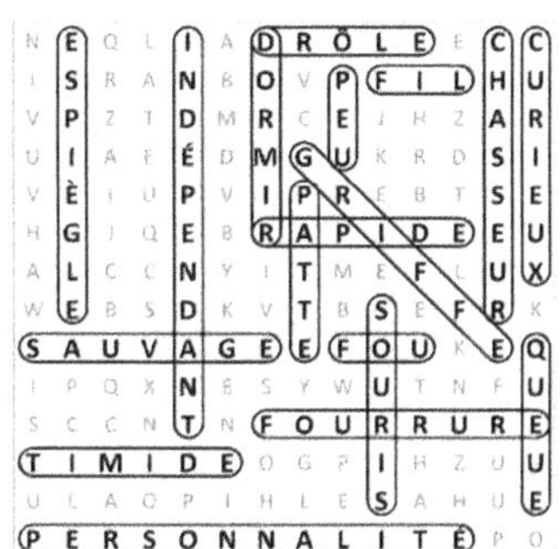

45 - Beroepen #2

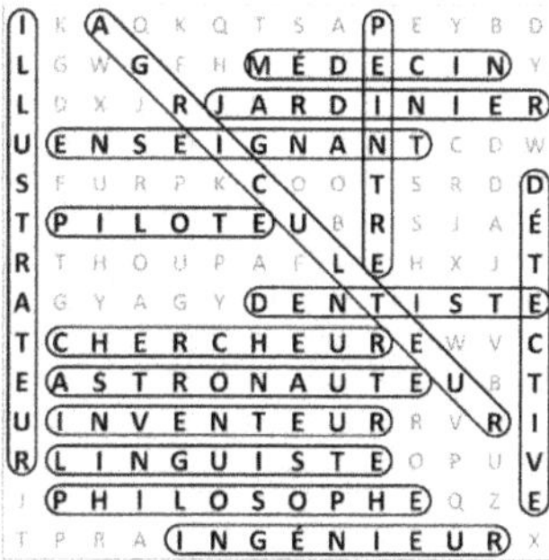

46 - Dagen en Maanden

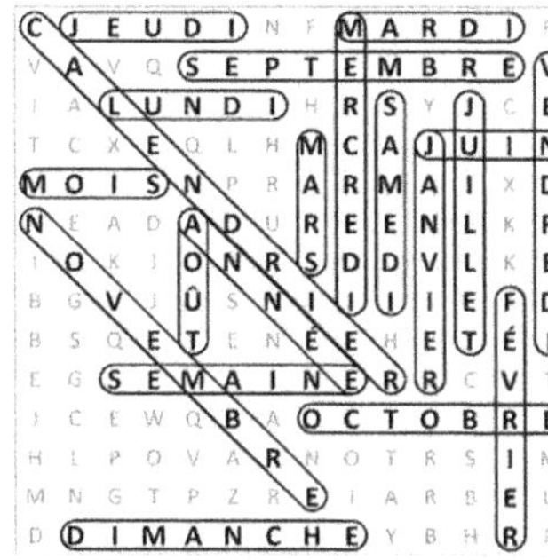

47 - Beeldende Kunsten

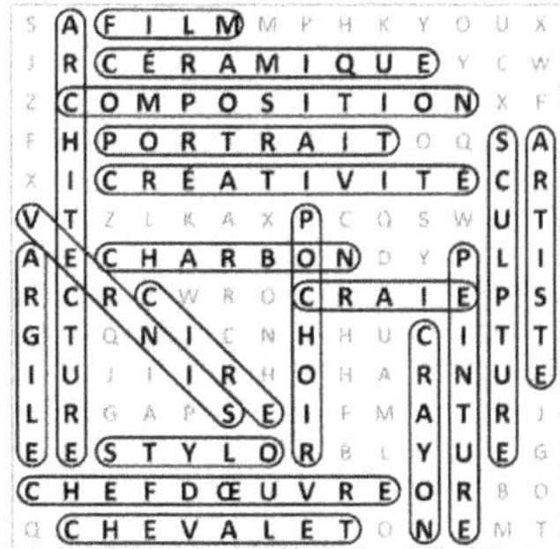

48 - Menselijk Lichaam

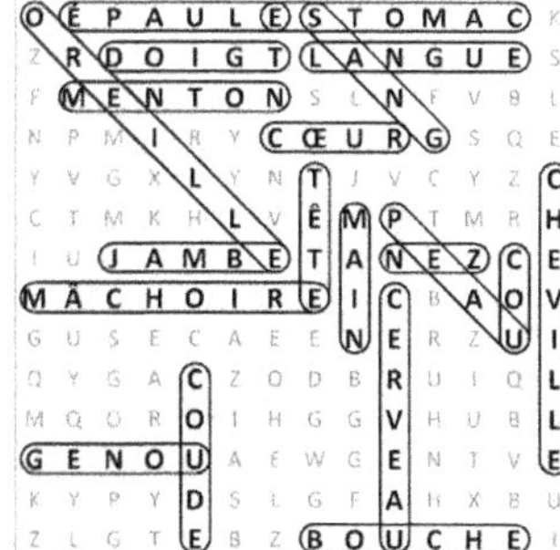

49 - Familie

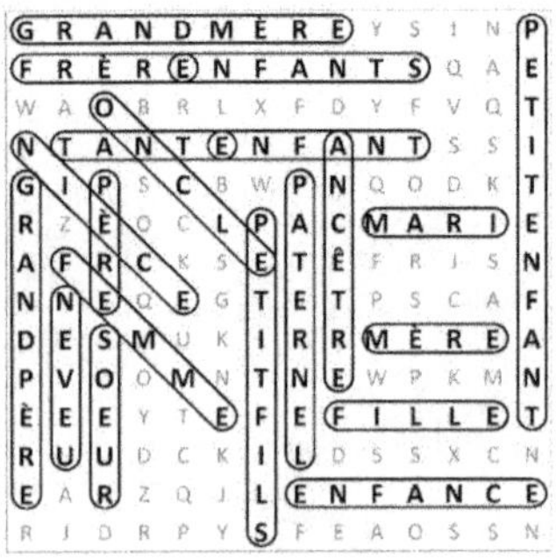

50 - Gebouwen

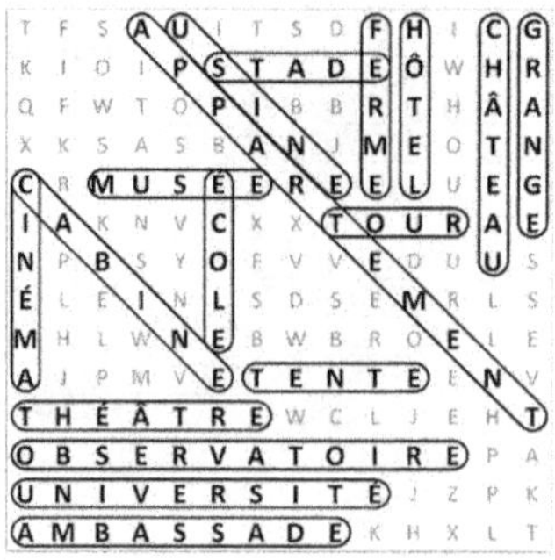

51 - Kunst

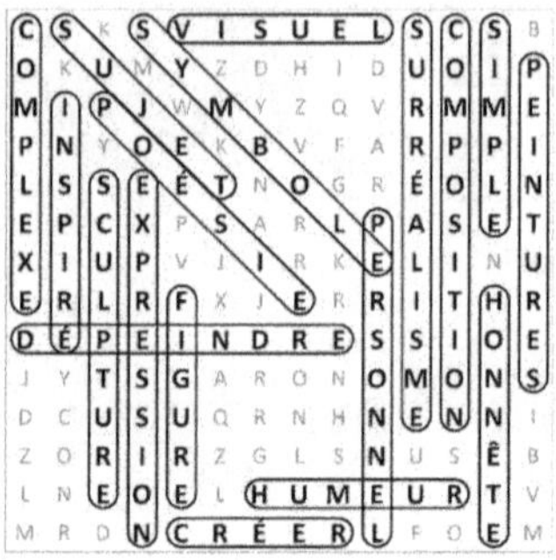

52 - Beroepen #1

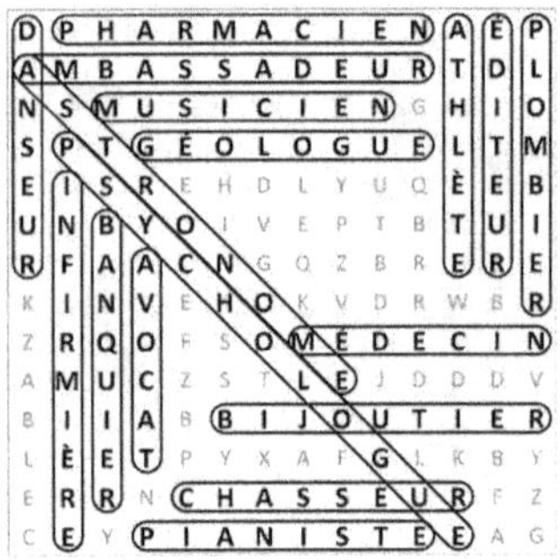

53 - Kastelen

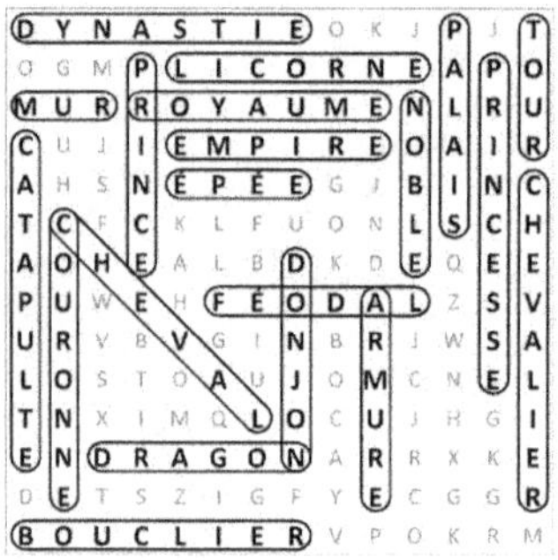

54 - Insecten

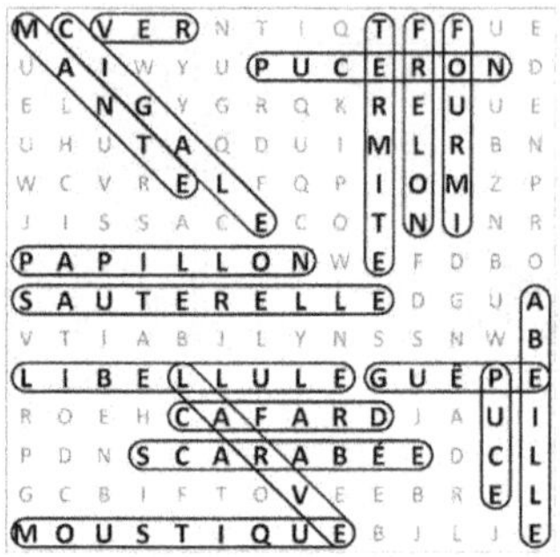

55 - Antarctica

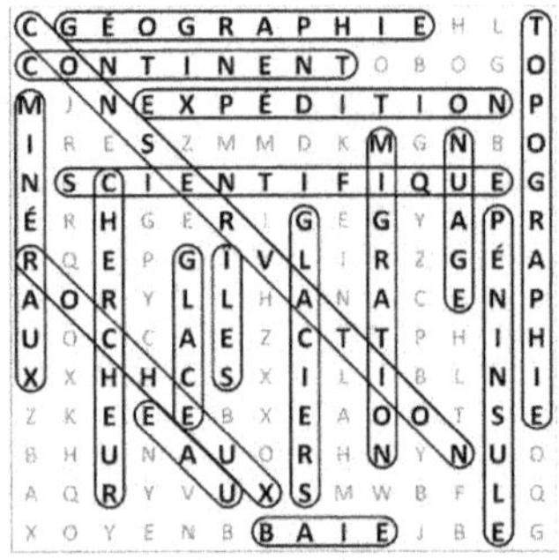

56 - Ballet

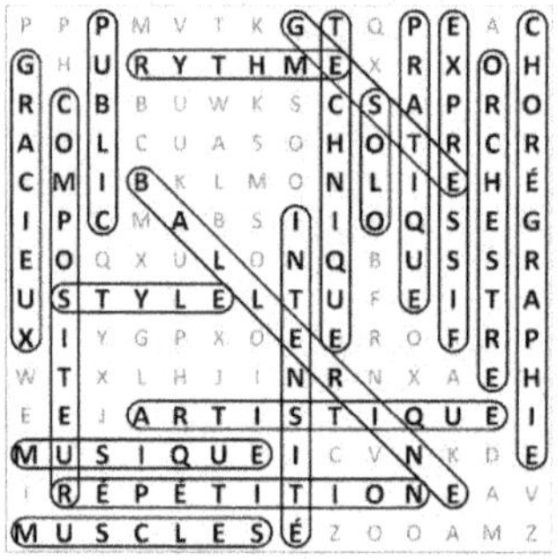

57 - Vissen

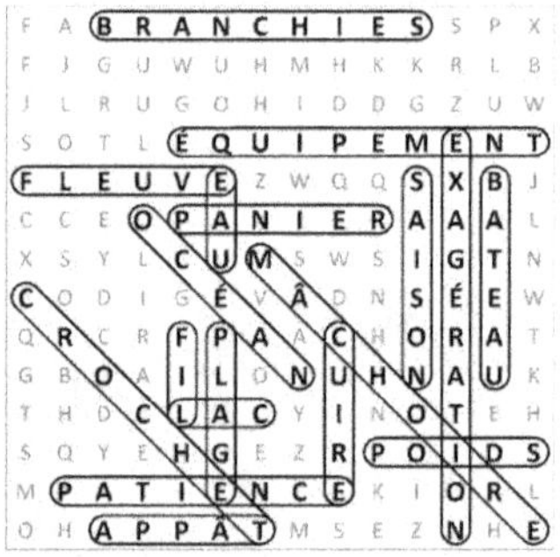

58 - Fruit

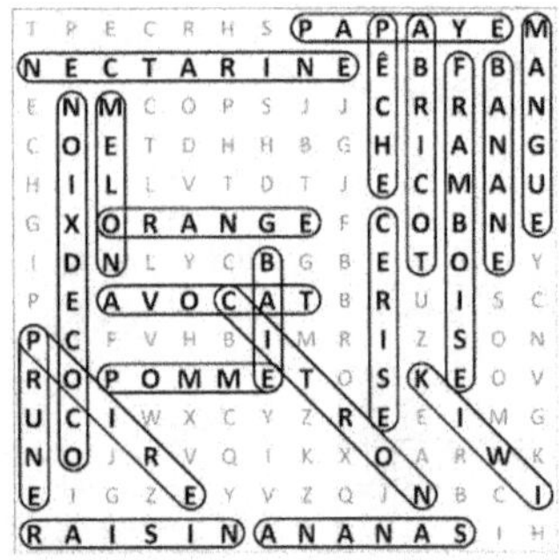

59 - Literatuur

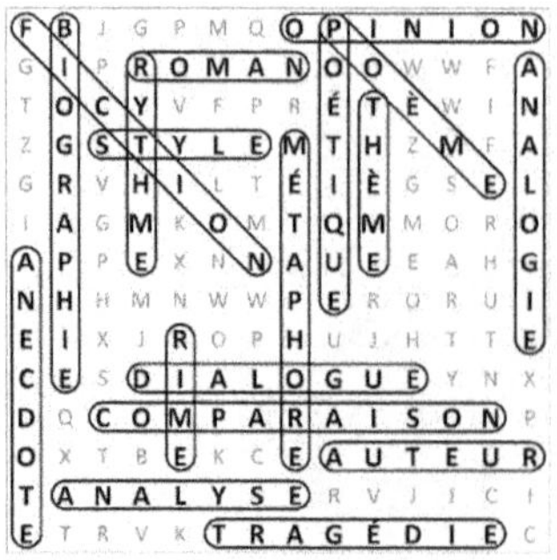

60 - Technologie

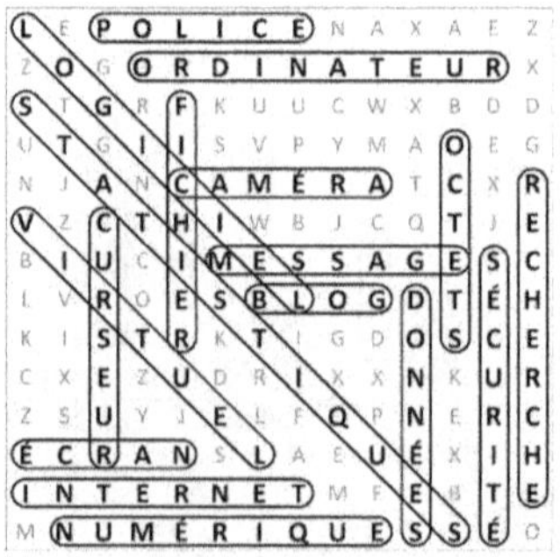

61 - Boeken
62 - Meer Informatie
63 - Regenwoud
64 - Haartypes
65 - Stad
66 - Natuur
67 - Dinosaurussen
68 - Zoogdieren
69 - 1 Jaar Geleden
70 - Kampioenschap
71 - Exploratie
72 - Voertuigen

73 - Geografie

74 - Kunstbenodigdhe

75 - Barbecues

76 - Wetenschappelijk

77 - Bijvoeglijke Naamwoorden

78 - Kleding

79 - Vliegtuigen

80 - Herbalisme

81 - Meubels

82 - Piraten

83 - Om in te Vullen

84 - Surfen

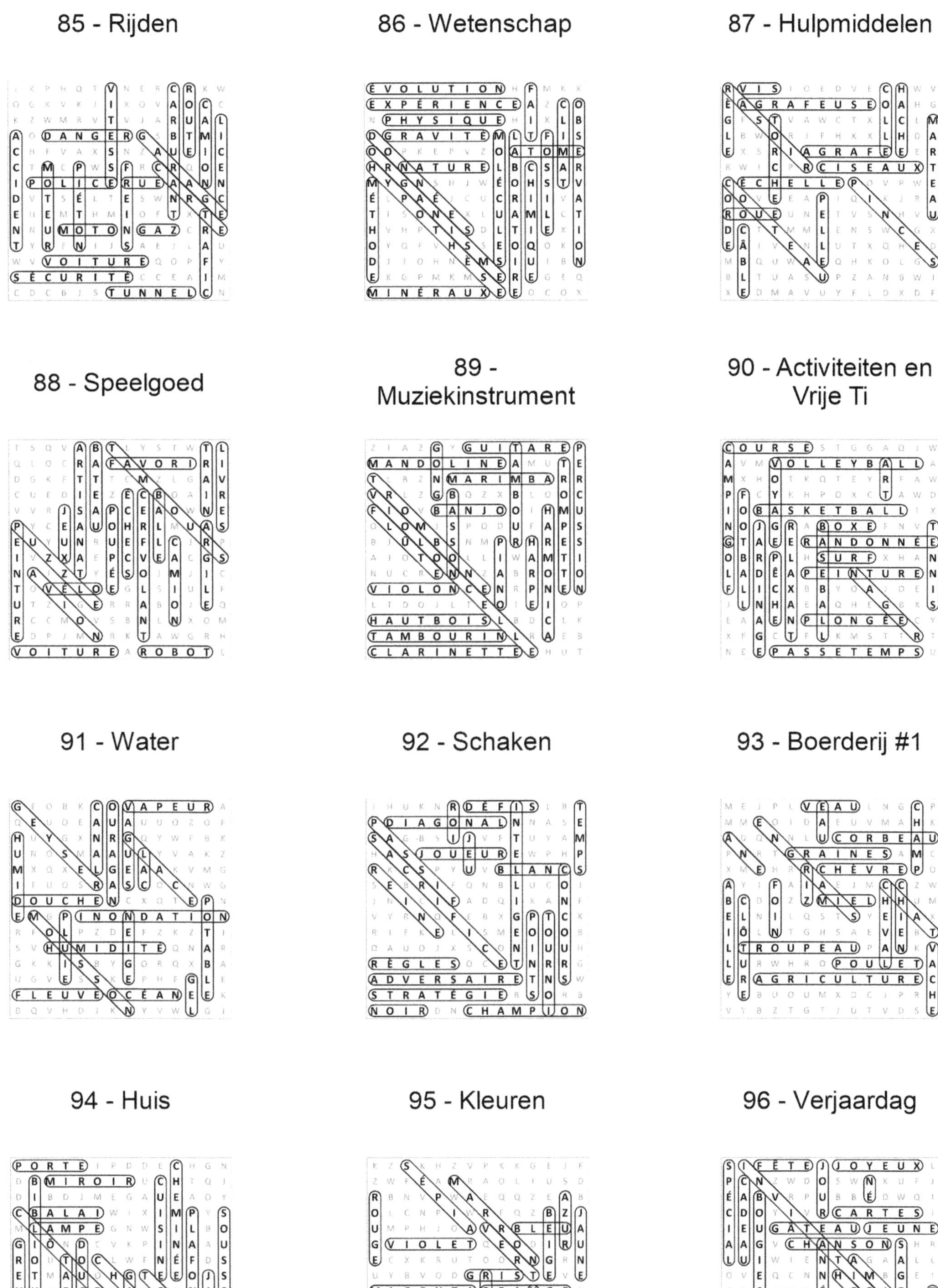

85 - Rijden	86 - Wetenschap	87 - Hulpmiddelen
88 - Speelgoed	**89 - Muziekinstrument**	**90 - Activiteiten en Vrije Ti**
91 - Water	**92 - Schaken**	**93 - Boerderij #1**
94 - Huis	**95 - Kleuren**	**96 - Verjaardag**

97 - Getallen

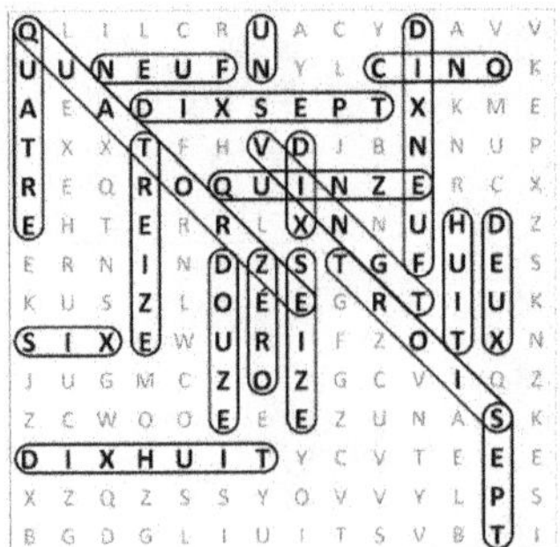

98 - Boerderij #2

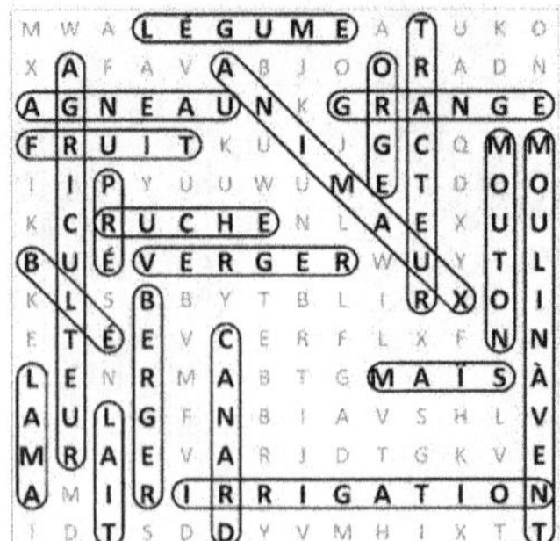

99 - Voeding

Woordenboek

1 Jaar Geleden
Vertus #1

Artistiek	Artistique
Behulpzaam	Utile
Bescheiden	Modeste
Beslissend	Décisif
Betrouwbaar	Fiable
Charmant	Charmant
Efficiënt	Efficace
Gepassioneerd	Passionné
Goed	Bon
Grappig	Drôle
Gul	Généreux
Intelligent	Intelligent
Nieuwsgierig	Curieux
Onafhankelijk	Indépendant
Patiënt	Patient
Praktisch	Pratique
Schoon	Propre
Wijs	Sage
Zelfverzekerd	Confiant

Activiteiten
Activités

Activiteit	Activité
Ambachten	Artisanat
Dansen	Danse
Fotografie	Photographie
Hengelsport	Pêche
Jacht	Chasse
Kamperen	Camping
Keramiek	Céramique
Kunst	Art
Lezen	Lecture
Magie	Magie
Naaien	Couture
Ontspanning	Relaxation
Plezier	Plaisir
Puzzels	Puzzles
Schilderij	Peinture
Tuinieren	Jardinage
Vaardigheid	Compétence
Vrije Tijd	Loisir
Wandelen	Randonnée

Activiteiten en Vrije Ti
Activités et Loisirs

Basketbal	Basket-Ball
Boksen	Boxe
Duiken	Plongée
Golf	Golf
Hengelsport	Pêche
Hobby	Passe-Temps
Honkbal	Base-Ball
Kamperen	Camping
Kunst	Art
Ontspannen	Relaxant
Racen	Course
Reis	Voyage
Schilderij	Peinture
Surfen	Surf
Tennis	Tennis
Tuinieren	Jardinage
Voetbal	Football
Volleybal	Volley-Ball
Wandelen	Randonnée
Zwemmen	Nager

Antarctica
Antarctique

Baai	Baie
Behoud	Conservation
Continent	Continent
Eilanden	Îles
Expeditie	Expédition
Geografie	Géographie
Gletsjers	Glaciers
Ijs	Glace
Migratie	Migration
Mineralen	Minéraux
Omgeving	Environnement
Onderzoeker	Chercheur
Pinguïn	Pingouins
Rotsachtig	Rocheux
Schiereiland	Péninsule
Temperatuur	Température
Topografie	Topographie
Water	Eau
Wetenschappelijk	Scientifique
Wolken	Nuage

Astronomie
Astronomie

Aarde	Terre
Asteroïde	Astéroïde
Astronaut	Astronaute
Astronoom	Astronome
Equinox	Équinoxe
Komeet	Comète
Kosmos	Cosmos
Maan	Lune
Meteoor	Météore
Nevel	Nébuleuse
Observatorium	Observatoire
Planeet	Planète
Raket	Fusée
Satelliet	Satellite
Ster	Étoile
Sterrenbeeld	Constellation
Straling	Radiation
Telescoop	Télescope
Universum	Univers
Zwaartekracht	Gravité

Avontuur
Aventure

Activiteit	Activité
Bestemming	Destination
Enthousiasme	Enthousiasme
Excursie	Excursion
Gevaarlijk	Dangereux
Kans	Chance
Moed	Bravoure
Moeilijkheid	Difficulté
Natuur	Nature
Navigatie	Navigation
Nieuw	Nouveau
Ongewoon	Inhabituel
Reizen	Voyages
Schoonheid	Beauté
Uitdagingen	Défis
Veiligheid	Sécurité
Verrassend	Surprenant
Voorbereiding	Préparation
Vreugde	Joie
Vrienden	Amis

Ballet
Ballet

Artistiek	Artistique
Ballerina	Ballerine
Choreografie	Chorégraphie
Componist	Compositeur
Dansers	Danseurs
Expressief	Expressif
Gebaar	Geste
Intensiteit	Intensité
Muziek	Musique
Orkest	Orchestre
Praktijk	Pratique
Publiek	Public
Repetitie	Répétition
Ritme	Rythme
Sierlijk	Gracieux
Solo	Solo
Spieren	Muscles
Stijl	Style
Techniek	Technique
Vaardigheid	Compétence

Barbecues
Barbecues

Diner	Dîner
Familie	Famille
Fruit	Fruit
Grill	Gril
Groente	Légumes
Heet	Chaud
Honger	Faim
Kip	Poulet
Lunch	Déjeuner
Messen	Couteaux
Muziek	Musique
Peper	Poivre
Salades	Salades
Saus	Sauce
Tomaten	Tomates
Uien	Oignons
Uitnodiging	Invitation
Vorken	Fourchettes
Zomer	Été
Zout	Sel

Beeldende Kunsten
Arts Visuels

Architectuur	Architecture
Artiest	Artiste
Beeldhouwwerk	Sculpture
Creativiteit	Créativité
Ezel	Chevalet
Film	Film
Houtskool	Charbon
Keramiek	Céramique
Klei	Argile
Krijt	Craie
Meesterwerk	Chef-D'Œuvre
Pen	Stylo
Perspectief	Perspective
Portret	Portrait
Potlood	Crayon
Samenstelling	Composition
Schilderij	Peinture
Stencil	Pochoir
Vernis	Vernis
Was	Cire

Behoud
Conservation

Duurzaam	Durable
Ecosysteem	Écosystème
Fiets	Cycle
Gezondheid	Santé
Groen	Vert
Habitat	Habitat
Klimaat	Climat
Natuurlijk	Naturel
Onderwijs	Éducation
Organisch	Organique
Pesticide	Pesticide
Recycleren	Recycler
Veranderingen	Changements
Verminderen	Réduire
Vervuiling	Pollution
Vrijwilliger	Bénévole
Water	Eau

Beroepen #1
Professions #1

Advocaat	Avocat
Ambassadeur	Ambassadeur
Apotheker	Pharmacien
Astronoom	Astronome
Atleet	Athlète
Bankier	Banquier
Cartograaf	Cartographe
Danser	Danseur
Dierenarts	Vétérinaire
Dokter	Médecin
Editor	Éditeur
Geoloog	Géologue
Jager	Chasseur
Juwelier	Bijoutier
Loodgieter	Plombier
Muzikant	Musicien
Pianist	Pianiste
Psycholoog	Psychologue
Verpleegster	Infirmière
Wetenschapper	Scientifique

Beroepen #2
Professions #2

Arts	Médecin
Astronaut	Astronaute
Bioloog	Biologiste
Boer	Agriculteur
Chirurg	Chirurgien
Detective	Détective
Filosoof	Philosophe
Fotograaf	Photographe
Illustrator	Illustrateur
Ingenieur	Ingénieur
Journalist	Journaliste
Leraar	Enseignant
Linguïst	Linguiste
Onderzoeker	Chercheur
Piloot	Pilote
Schilder	Peintre
Tandarts	Dentiste
Tuinman	Jardinier
Uitvinder	Inventeur
Zoöloog	Zoologiste

Bijen
Les Abeilles

Bestuiver	Pollinisateur
Bijenkorf	Ruche
Bloemen	Fleurs
Bloesem	Fleur
Diversiteit	Diversité
Ecosysteem	Écosystème
Fruit	Fruit
Habitat	Habitat
Honing	Miel
Insect	Insecte
Koningin	Reine
Rook	Fumée
Stuifmeel	Pollen
Tuin	Jardin
Vleugels	Ailes
Voedsel	Nourriture
Voordelig	Bénéfique
Was	Cire
Zon	Soleil
Zwerm	Essaim

Bijvoeglijke Naamwoorden
Adjectifs #1

Aantrekkelijk	Attractif
Actief	Actif
Ambitieus	Ambitieux
Aromatisch	Aromatique
Artistiek	Artistique
Belangrijk	Important
Diep	Profond
Donker	Foncé
Dun	Mince
Eerlijk	Honnête
Exotisch	Exotique
Identiek	Identique
Jong	Jeune
Lang	Long
Langzaam	Lent
Modern	Moderne
Onschuldig	Innocent
Perfect	Parfait
Waardevol	Précieux
Zwaar	Lourd

Bijvoeglijke Naamwoorden
Adjectifs #2

Authentiek	Authentique
Begaafd	Doué
Beschrijvend	Descriptif
Creatief	Créatif
Dramatisch	Dramatique
Gezond	Sain
Hongerig	Faim
Interessant	Intéressant
Moe	Fatigué
Natuurlijk	Naturel
Nieuw	Nouveau
Normaal	Normal
Productief	Productif
Slaperig	Somnolent
Sterk	Fort
Trots	Fier
Verantwoordelijk	Responsable
Wild	Sauvage
Zout	Salé
Zuiver	Pur

Bloemen
Fleurs

Bloemblad	Pétale
Boeket	Bouquet
Gardenia	Gardénia
Hibiscus	Hibiscus
Jasmijn	Jasmin
Klaver	Trèfle
Lavendel	Lavande
Lelie	Lys
Madeliefje	Marguerite
Magnolia	Magnolia
Narcis	Jonquille
Orchidee	Orchidée
Paardebloem	Pissenlit
Papaver	Pavot
Passiebloem	Passiflore
Pioenroos	Pivoine
Plumeria	Plumeria
Roos	Rose
Tulp	Tulipe
Zonnebloem	Tournesol

Boeken
Livres

Auteur	Auteur
Avontuur	Aventure
Bladzijde	Page
Collectie	Collection
Context	Contexte
Dualiteit	Dualité
Episch	Épique
Gedicht	Poème
Geschreven	Écrit
Historisch	Historique
Humoristisch	Humoristique
Inventief	Inventif
Lezer	Lecteur
Literair	Littéraire
Poëzie	Poésie
Relevant	Pertinent
Roman	Roman
Tragisch	Tragique
Verhaal	Histoire
Verteller	Narrateur

Boerderij #1
Ferme #1

Bij	Abeille
Ezel	Âne
Geit	Chèvre
Hek	Clôture
Hond	Chien
Honing	Miel
Hooi	Foin
Kalf	Veau
Kat	Chat
Kip	Poulet
Koe	Vache
Kraai	Corbeau
Kudde	Troupeau
Landbouw	Agriculture
Mest	Engrais
Paard	Cheval
Rijst	Riz
Veld	Champ
Water	Eau
Zaden	Graines

Boerderij #2
Ferme #2

Bijenkorf	Ruche
Boer	Agriculteur
Boomgaard	Verger
Dieren	Animaux
Eend	Canard
Fruit	Fruit
Gerst	Orge
Groente	Légume
Herder	Berger
Irrigatie	Irrigation
Lam	Agneau
Lama	Lama
Maïs	Maïs
Melk	Lait
Schaap	Mouton
Schuur	Grange
Tarwe	Blé
Tractor	Tracteur
Weide	Pré
Windmolen	Moulin à Vent

Boten
Bateaux

Anker	Ancre
Bemanning	Équipage
Boei	Bouée
Dok	Dock
Golven	Vagues
Jacht	Yacht
Kajak	Kayak
Kano	Canoë
Maritiem	Maritime
Mast	Mât
Meer	Lac
Motor	Moteur
Nautisch	Nautique
Oceaan	Océan
Rivier	Fleuve
Touw	Corde
Veerboot	Ferry
Vlot	Radeau
Zee	Mer
Zeilboot	Voilier

Camping
Camping

Avontuur	Aventure
Berg	Montagne
Bomen	Arbres
Bos	Forêt
Brand	Feu
Cabine	Cabine
Dieren	Animaux
Hangmat	Hamac
Hoed	Chapeau
Insect	Insecte
Jacht	Chasse
Kaart	Carte
Kano	Canoë
Kompas	Boussole
Lantaarn	Lanterne
Maan	Lune
Meer	Lac
Natuur	Nature
Tent	Tente
Touw	Corde

Chocolade
Chocolat

Antioxidant	Antioxydant
Aroma	Arôme
Bitter	Amer
Cacao	Cacao
Calorieën	Calories
Exotisch	Exotique
Favoriet	Favori
Heerlijk	Délicieux
Ingrediënt	Ingrédient
Karamel	Caramel
Kokosnoot	Noix de Coco
Kwaliteit	Qualité
Pinda'S	Cacahuètes
Poeder	Poudre
Recept	Recette
Smaak	Goût
Snoep	Bonbon
Suiker	Sucre
Verlangen	Envie
Zoet	Doux

Circus
Cirque

Aap	Singe
Acrobaat	Acrobate
Ballonnen	Ballons
Clown	Clown
Dieren	Animaux
Goochelaar	Magicien
Jongleur	Jongleur
Kaartje	Billet
Kostuum	Costume
Leeuw	Lion
Magie	Magie
Muziek	Musique
Olifant	Éléphant
Parade	Parade
Snoep	Bonbon
Tent	Tente
Tijger	Tigre
Toeschouwer	Spectateur
Truc	Astuce
Vermaken	Divertir

Dagen en Maanden
Jours et Mois

Augustus	Août
Dinsdag	Mardi
Donderdag	Jeudi
Februari	Février
Jaar	Année
Januari	Janvier
Juli	Juillet
Juni	Juin
Kalender	Calendrier
Maand	Mois
Maandag	Lundi
Maart	Mars
November	Novembre
Oktober	Octobre
September	Septembre
Vrijdag	Vendredi
Week	Semaine
Woensdag	Mercredi
Zaterdag	Samedi
Zondag	Dimanche

Dans
Danse

Academie	Académie
Beweging	Mouvement
Blij	Joyeux
Choreografie	Chorégraphie
Cultureel	Culturel
Cultuur	Culture
Emotie	Émotion
Expressief	Expressif
Genade	Grâce
Houding	Posture
Klassiek	Classique
Kunst	Art
Lichaam	Corps
Muziek	Musique
Partner	Partenaire
Repetitie	Répétition
Ritme	Rythme
Springen	Saut
Traditioneel	Traditionnel
Visueel	Visuel

Dinosaurussen
Dinosaures

Aarde	Terre
Carnivoor	Carnivore
Enorm	Énorme
Evolutie	Évolution
Fossielen	Fossiles
Groot	Grand
Grootte	Taille
Herbivoor	Herbivore
Krachtig	Puissant
Mammoet	Mammouth
Omnivoor	Omnivore
Prehistorisch	Préhistorique
Prooi	Proie
Reptiel	Reptile
Roofvogel	Rapace
Soort	Espèce
Staart	Queue
Verdwijning	Disparition
Vicieuze	Vicieux
Vleugels	Ailes

Ecologie
Écologie

Bergen	Montagnes
Diversiteit	Diversité
Droogte	Sécheresse
Duurzaam	Durable
Fauna	Faune
Flora	Flore
Gemeenschappen	Communautés
Globaal	Global
Habitat	Habitat
Klimaat	Climat
Marinier	Marin
Moeras	Marais
Natuur	Nature
Natuurlijk	Naturel
Overleving	Survie
Planten	Plantes
Soort	Espèce
Variëteit	Variété
Vegetatie	Végétation
Vrijwilligers	Bénévoles

Emoties
Émotions

Angst	Peur
Beschaamd	Embarrassé
Dankbaar	Reconnaissant
Droefheid	Tristesse
Inhoud	Contenu
Kalm	Calme
Liefde	Amour
Ontspannen	Détendu
Opgewonden	Excité
Opluchting	Relief
Rust	Tranquillité
Sympathie	Sympathie
Tederheid	Tendresse
Tevreden	Satisfait
Verrassing	Surprise
Verveling	Ennui
Vrede	Paix
Vreugde	Joie
Vriendelijkheid	Gentillesse
Woede	Colère

Eten #1
Nourriture #1

Aardbei	Fraise
Abrikoos	Abricot
Basilicum	Basilic
Citroen	Citron
Gerst	Orge
Kaneel	Cannelle
Knoflook	Ail
Melk	Lait
Peer	Poire
Pinda	Arachide
Salade	Salade
Sap	Jus
Soep	Soupe
Spinazie	Épinard
Suiker	Sucre
Tonijn	Thon
Ui	Oignon
Vlees	Viande
Wortel	Carotte
Zout	Sel

Eten #2
Nourriture #2

Amandel	Amande
Ananas	Ananas
Appel	Pomme
Asperge	Asperges
Aubergine	Aubergine
Banaan	Banane
Broccoli	Brocoli
Brood	Pain
Druif	Raisin
Ei	Oeuf
Ham	Jambon
Kaas	Fromage
Kip	Poulet
Kiwi	Kiwi
Perzik	Pêche
Rijst	Riz
Tarwe	Blé
Tomaat	Tomate
Vis	Poisson
Yoghurt	Yaourt

Exploratie
Exploration

Activiteit	Activité
Bepaling	Détermination
Culturen	Cultures
Dieren	Animaux
Gevaarlijk	Périlleux
Gevaren	Dangers
Leren	Apprendre
Moed	Courage
Nieuw	Nouveau
Onbekend	Inconnu
Ontdekking	Découverte
Opwinding	Excitation
Reis	Voyage
Ruimte	Espace
Taal	Langue
Terrein	Terrain
Uitputting	Épuisement
Ver	Lointain
Wild	Sauvage

Familie
Famille

Broer	Frère
Dochter	Fille
Grootmoeder	Grand-Mère
Jeugd	Enfance
Kind	Enfant
Kinderen	Enfants
Kleinkind	Petit-Enfant
Kleinzoon	Petit-Fils
Man	Mari
Moeder	Mère
Neef	Neveu
Nicht	Nièce
Oom	Oncle
Opa	Grand-Père
Tante	Tante
Vader	Père
Vaderlijk	Paternel
Voorouder	Ancêtre
Vrouw	Femme
Zus	Soeur

Fruit
Fruit

Abrikoos	Abricot
Ananas	Ananas
Appel	Pomme
Avocado	Avocat
Banaan	Banane
Bes	Baie
Citroen	Citron
Druif	Raisin
Framboos	Framboise
Kers	Cerise
Kiwi	Kiwi
Kokosnoot	Noix de Coco
Mango	Mangue
Meloen	Melon
Nectarine	Nectarine
Oranje	Orange
Papaja	Papaye
Peer	Poire
Perzik	Pêche
Pruim	Prune

Gebouwen
Bâtiments

Ambassade	Ambassade
Appartement	Appartement
Bioscoop	Cinéma
Boerderij	Ferme
Cabine	Cabine
Fabriek	Usine
Hotel	Hôtel
Kasteel	Château
Laboratorium	Laboratoire
Museum	Musée
Observatorium	Observatoire
School	École
Schuur	Grange
Stadion	Stade
Supermarkt	Supermarché
Tent	Tente
Theater	Théâtre
Toren	Tour
Universiteit	Université
Ziekenhuis	Hôpital

Geografie
Géographie

Atlas	Atlas
Berg	Montagne
Breedtegraad	Latitude
Continent	Continent
Eiland	Île
Evenaar	Équateur
Halfrond	Hémisphère
Hoogte	Altitude
Kaart	Carte
Land	Pays
Meridiaan	Méridien
Noorden	Nord
Oceaan	Océan
Regio	Région
Rivier	Fleuve
Stad	Ville
Wereld	Monde
Westen	Ouest
Zee	Mer
Zuiden	Sud

Geologie
Géologie

Calcium	Calcium
Continent	Continent
Erosie	Érosion
Fossiel	Fossile
Geiser	Geyser
Gesmolten	Fondu
Grot	Caverne
Koraal	Corail
Kristallen	Cristaux
Kwarts	Quartz
Laag	Couche
Lava	Lave
Mineralen	Minéraux
Plateau	Plateau
Stalactiet	Stalactite
Steen	Pierre
Vulkaan	Volcan
Zone	Zone
Zout	Sel
Zuur	Acide

Getallen
Nombres

Acht	Huit
Achttien	Dix-Huit
Dertien	Treize
Drie	Trois
Een	Un
Negen	Neuf
Negentien	Dix-Neuf
Nul	Zéro
Tien	Dix
Twaalf	Douze
Twee	Deux
Twintig	Vingt
Veertien	Quatorze
Vier	Quatre
Vijf	Cinq
Vijftien	Quinze
Zes	Six
Zestien	Seize
Zeven	Sept
Zeventien	Dix-Sept

Groenten
Légumes

Artisjok	Artichaut
Aubergine	Aubergine
Broccoli	Brocoli
Erwt	Pois
Gember	Gingembre
Knoflook	Ail
Komkommer	Concombre
Olijf	Olive
Paddestoel	Champignon
Peterselie	Persil
Pompoen	Citrouille
Raap	Navet
Radijs	Radis
Salade	Salade
Selderij	Céleri
Sjalot	Échalote
Spinazie	Épinard
Tomaat	Tomate
Ui	Oignon
Wortel	Carotte

Haartypes
Types de Cheveux

Blond	Blond
Bruin	Marron
Dik	Épais
Droog	Sec
Dun	Mince
Gekleurd	Coloré
Gevlochten	Tressé
Gezond	Sain
Glimmend	Brillant
Golvend	Ondulé
Grijs	Gris
Kaal	Chauve
Kort	Court
Krullen	Boucles
Krullend	Frisé
Lang	Long
Wit	Blanc
Zacht	Doux
Zilver	Argent
Zwart	Noir

Herbalisme
Herboristerie

Aromatisch	Aromatique
Basilicum	Basilic
Bloem	Fleur
Culinair	Culinaire
Dille	Aneth
Dragon	Estragon
Groen	Vert
Ingrediënt	Ingrédient
Knoflook	Ail
Kwaliteit	Qualité
Lavendel	Lavande
Marjolein	Marjolaine
Oregano	Origan
Peterselie	Persil
Rozemarijn	Romarin
Saffraan	Safran
Smaak	Saveur
Tijm	Thym
Tuin	Jardin
Venkel	Fenouil

Huis
Maison

Bezem	Balai
Bibliotheek	Bibliothèque
Dak	Toit
Deur	Porte
Douche	Douche
Garage	Garage
Haard	Cheminée
Hek	Clôture
Kamer	Chambre
Kelder	Sous-Sol
Keuken	Cuisine
Lamp	Lampe
Meubilair	Meubles
Muur	Mur
Plafond	Plafond
Spiegel	Miroir
Tapijt	Tapis
Trap	Escalier
Tuin	Jardin
Zolder	Grenier

Huisdieren
Animaux de Compagnie

Dierenarts	Vétérinaire
Geit	Chèvre
Hagedis	Lézard
Hamster	Hamster
Hond	Chien
Kat	Chat
Katje	Chaton
Klauwen	Griffes
Koe	Vache
Konijn	Lapin
Kraag	Collier
Muis	Souris
Papegaai	Perroquet
Poten	Pattes
Puppy	Chiot
Schildpad	Tortue
Staart	Queue
Vis	Poisson
Voedsel	Nourriture
Water	Eau

Hulpmiddelen
Outils

Bijl	Hache
Fakkel	Torche
Hamer	Marteau
Heerser	Règle
Kabel	Câble
Ladder	Échelle
Lijm	Colle
Mes	Couteau
Nietje	Agrafe
Nietmachine	Agrafeuse
Schaar	Ciseaux
Scheermes	Rasoir
Schop	Pelle
Schroef	Vis
Tang	Pinces
Touw	Corde
Wiel	Roue

Insecten
Insectes

Bidsprinkhaan	Mante
Bij	Abeille
Bladluis	Puceron
Cicade	Cigale
Horzel	Frelon
Kakkerlak	Cafard
Kever	Scarabée
Larve	Larve
Libel	Libellule
Mier	Fourmi
Mug	Moustique
Sprinkhaan	Sauterelle
Termiet	Termite
Vlinder	Papillon
Vlo	Puce
Wesp	Guêpe
Worm	Ver

Installaties
Plantes

Bamboe	Bambou
Bes	Baie
Blad	Feuille
Bloem	Fleur
Boom	Arbre
Boon	Haricot
Bos	Forêt
Cactus	Cactus
Flora	Flore
Gebladerte	Feuillage
Gras	Herbe
Groeien	Grandir
Klimop	Lierre
Mest	Engrais
Mos	Mousse
Plantkunde	Botanique
Struik	Buisson
Tuin	Jardin
Vegetatie	Végétation
Wortel	Racine

Kampioenschap
Championnat

Ademen	Respirer
Finalist	Finaliste
Games	Jeux
Kampioen	Champion
Kampioenschap	Championnat
Liga	Ligue
Medaille	Médaille
Motivatie	Motivation
Prestatie	Performance
Rechter	Juge
Sport	Sports
Strategie	Stratégie
Team	Équipe
Toernooi	Tournoi
Trainer	Entraîneur
Transpiratie	Transpiration
Zege	Victoire

Kastelen
Châteaux

Draak	Dragon
Dynastie	Dynastie
Edele	Noble
Eenhoorn	Licorne
Feodaal	Féodal
Harnas	Armure
Katapult	Catapulte
Kerker	Donjon
Koninkrijk	Royaume
Kroon	Couronne
Muur	Mur
Paard	Cheval
Paleis	Palais
Prins	Prince
Prinses	Princesse
Ridder	Chevalier
Rijk	Empire
Schild	Bouclier
Toren	Tour
Zwaard	Épée

Katten
Chats

Bont	Fourrure
Garen	Fil
Gek	Fou
Grappig	Drôle
Jager	Chasseur
Klauw	Griffe
Klein	Peu
Muis	Souris
Nieuwsgierig	Curieux
Onafhankelijk	Indépendant
Persoonlijkheid	Personnalité
Poot	Patte
Slaap	Dormir
Snel	Rapide
Speels	Espiègle
Staart	Queue
Verlegen	Timide
Wild	Sauvage

Keuken
Cuisine

Cup	Tasses
Eetstokjes	Baguettes
Grill	Gril
Ketel	Bouilloire
Koelkast	Réfrigérateur
Kom	Bol
Kruik	Cruche
Lepels	Cuillères
Messen	Couteaux
Oven	Four
Pollepel	Louche
Pot	Pot
Recept	Recette
Schort	Tablier
Servet	Serviette
Specerijen	Épices
Spons	Éponge
Voedsel	Nourriture
Vorken	Fourchettes
Vriezer	Congélateur

Kleding
Vêtements

Armband	Bracelet
Blouse	Chemisier
Broek	Pantalon
Handschoenen	Gants
Hoed	Chapeau
Jas	Manteau
Jasje	Veste
Jurk	Robe
Ketting	Collier
Mode	Mode
Pyjama	Pyjama
Riem	Ceinture
Rok	Jupe
Sandalen	Sandales
Schoen	Chaussure
Schort	Tablier
Shirt	Chemise
Sjaal	Foulard
Sokken	Chaussettes
Trui	Pull

Kleuren
Couleurs

Azuur	Azur
Beige	Beige
Blauw	Bleu
Bruin	Marron
Cyaan	Cyan
Fuchsia	Fuchsia
Geel	Jaune
Grijs	Gris
Groen	Vert
Indigo	Indigo
Magenta	Magenta
Oranje	Orange
Paars	Violet
Rood	Rouge
Roze	Rose
Sepia	Sépia
Wit	Blanc
Zwart	Noir

Klimmen
Escalade

Atmosfeer	Atmosphère
Deskundige	Expert
Fysiek	Physique
Gidsen	Guides
Grot	Grotte
Handschoenen	Gants
Helm	Casque
Hoogte	Altitude
Kaart	Carte
Kracht	Force
Laarzen	Bottes
Letsel	Blessure
Nieuwsgierigheid	Curiosité
Opleiding	Formation
Smal	Étroit
Stabiliteit	Stabilité
Terrein	Terrain
Uitdagingen	Défis
Wandelen	Randonnée

Kunst
Art

Beeldhouwwerk	Sculpture
Complex	Complexe
Creëren	Créer
Eenvoudig	Simple
Eerlijk	Honnête
Figuur	Figure
Geïnspireerd	Inspiré
Humeur	Humeur
Keramisch	Céramique
Onderwerp	Sujet
Origineel	Original
Persoonlijk	Personnel
Poëzie	Poésie
Portretteren	Dépeindre
Samenstelling	Composition
Schilderijen	Peintures
Surrealisme	Surréalisme
Symbool	Symbole
Uitdrukking	Expression
Visueel	Visuel

Kunstbenodigdheden
Fournitures d'Art

Acryl	Acrylique
Aquarellen	Aquarelles
Borstels	Brosses
Camera	Caméra
Creativiteit	Créativité
Ezel	Chevalet
Gom	Gomme
Houtskool	Charbon
Inkt	Encre
Klei	Argile
Kleuren	Couleurs
Lijm	Colle
Olie	Huile
Papier	Papier
Pastel	Pastels
Potloden	Crayons
Stoel	Chaise
Tafel	Table
Verf	Peinture
Water	Eau

Landen #2
Pays #2

Denemarken	Danemark
Ethiopië	Ethiopie
Frankrijk	France
Griekenland	Grèce
Ierland	Irlande
Indonesië	Indonésie
Japan	Japon
Kenia	Kenya
Laos	Laos
Libanon	Liban
Liberia	Libéria
Maleisië	Malaisie
Mexico	Mexique
Nepal	Népal
Nigeria	Nigeria
Oeganda	Ouganda
Oekraïne	Ukraine
Rusland	Russie
Somalië	Somalie
Syrië	Syrie

Landschappen
Paysages

Berg	Montagne
Eiland	Île
Geiser	Geyser
Gletsjer	Glacier
Grot	Grotte
Heuvel	Colline
Ijsberg	Iceberg
Meer	Lac
Moeras	Marais
Oase	Oasis
Oceaan	Océan
Rivier	Fleuve
Schiereiland	Péninsule
Strand	Plage
Toendra	Toundra
Vallei	Vallée
Vulkaan	Volcan
Waterval	Cascade
Woestijn	Désert
Zee	Mer

Literatuur
Littérature

Analogie	Analogie
Analyse	Analyse
Anekdote	Anecdote
Auteur	Auteur
Biografie	Biographie
Conclusie	Conclusion
Dialoog	Dialogue
Fictie	Fiction
Gedicht	Poème
Mening	Opinion
Metafoor	Métaphore
Poëtisch	Poétique
Rijm	Rime
Ritme	Rythme
Roman	Roman
Stijl	Style
Thema	Thème
Tragedie	Tragédie
Vergelijking	Comparaison
Verteller	Narrateur

Meditatie
Méditation

Aandacht	Attention
Aanvaarding	Acceptation
Ademhaling	Respiration
Beweging	Mouvement
Dankbaarheid	Gratitude
Emoties	Émotions
Gedachten	Pensées
Geluk	Bonheur
Helderheid	Clarté
Houding	Posture
Mededogen	Compassion
Mentaal	Mental
Muziek	Musique
Natuur	Nature
Observatie	Observation
Perspectief	Perspective
Stilte	Silence
Vrede	Paix
Vriendelijkheid	Gentillesse
Wakker	Éveillé

Meer Informatie
Science-Fiction

Bioscoop	Cinéma
Boeken	Livres
Brand	Feu
Denkbeeldig	Imaginaire
Dystopie	Dystopie
Explosie	Explosion
Extreem	Extrême
Fantastisch	Fantastique
Futuristisch	Futuriste
Illusie	Illusion
Mysterieus	Mystérieux
Orakel	Oracle
Planeet	Planète
Realistisch	Réaliste
Robots	Robots
Scenario	Scénario
Sterrenstelsel	Galaxie
Technologie	Technologie
Utopie	Utopie
Wereld	Monde

Menselijk Lichaam
Corps Humain

Been	Jambe
Bloed	Sang
Elleboog	Coude
Enkel	Cheville
Hand	Main
Hart	Cœur
Hersenen	Cerveau
Hoofd	Tête
Huid	Peau
Kaak	Mâchoire
Kin	Menton
Knie	Genou
Maag	Estomac
Mond	Bouche
Nek	Cou
Neus	Nez
Oor	Oreille
Schouder	Épaule
Tong	Langue
Vinger	Doigt

Metingen
Mesures

Breedte	Largeur
Byte	Octet
Centimeter	Centimètre
Decimaal	Décimal
Diepte	Profondeur
Gewicht	Poids
Gram	Gramme
Hoogte	Hauteur
Inch	Pouce
Kilogram	Kilogramme
Kilometer	Kilomètre
Lengte	Longueur
Liter	Litre
Massa	Masse
Meter	Mètre
Minuut	Minute
Ons	Once
Pint	Pinte
Ton	Tonne
Volume	Volume

Meubels
Meubles

Bank	Banc
Bed	Lit
Boekenkast	Bibliothèque
Bureau	Bureau
Dressoir	Commode
Fauteuil	Fauteuil
Futon	Futon
Gordijnen	Rideaux
Hangmat	Hamac
Kussen	Oreiller
Kussens	Coussins
Lamp	Lampe
Matras	Matelas
Planken	Étagères
Spiegel	Miroir
Stoel	Chaise
Tapijt	Tapis

Muziekinstrumenten
Instruments de Musique

Banjo	Banjo
Cello	Violoncelle
Fagot	Basson
Fluit	Flûte
Gitaar	Guitare
Gong	Gong
Harp	Harpe
Hobo	Hautbois
Klarinet	Clarinette
Mandoline	Mandoline
Marimba	Marimba
Mondharmonica	Harmonica
Percussie	Percussion
Piano	Piano
Saxofoon	Saxophone
Tamboerijn	Tambourin
Trombone	Trombone
Trommel	Tambour
Trompet	Trompette
Viool	Violon

Mythologie
Mythologie

Archetype	Archétype
Bliksem	Éclair
Creatie	Création
Cultuur	Culture
Donder	Tonnerre
Doolhof	Labyrinthe
Gedrag	Comportement
Held	Héros
Heldin	Héroïne
Hemel	Ciel
Jaloezie	Jalousie
Kracht	Force
Krijger	Guerrier
Legende	Légende
Monster	Monstre
Onsterfelijkheid	Immortalité
Ramp	Catastrophe
Sterfelijk	Mortel
Wezen	Créature
Wraak	Vengeance

Natuur
Nature

Arctisch	Arctique
Bijen	Abeilles
Bos	Forêt
Dieren	Animaux
Dynamisch	Dynamique
Erosie	Érosion
Gebladerte	Feuillage
Gletsjer	Glacier
Heiligdom	Sanctuaire
Klippen	Falaises
Mist	Brouillard
Rivier	Fleuve
Schoonheid	Beauté
Schuilplaats	Abri
Sereen	Serein
Tropisch	Tropical
Vitaal	Vital
Wild	Sauvage
Woestijn	Désert
Wolken	Nuage

Oceaan
Océan

Aal	Anguille
Algen	Algue
Boot	Bateau
Dolfijn	Dauphin
Garnaal	Crevette
Getijden	Marées
Haai	Requin
Koraal	Corail
Krab	Crabe
Kwal	Méduse
Octopus	Poulpe
Oester	Huître
Rif	Récif
Schildpad	Tortue
Spons	Éponge
Storm	Tempête
Tonijn	Thon
Vis	Poisson
Walvis	Baleine
Zout	Sel

Om in te Vullen
Remplir

Bekken	Bassin
Buis	Tube
Dienblad	Plateau
Doos	Boîte
Emmer	Seau
Envelop	Enveloppe
Fles	Bouteille
Karton	Carton
Koffer	Valise
Krat	Caisse
Lade	Tiroir
Mand	Panier
Map	Dossier
Pakje	Paquet
Pot	Pot
Vaas	Vase
Vat	Baril
Zak	Sac

Piraten
Pirates

Anker	Ancre
Avontuur	Aventure
Bemanning	Équipage
Eiland	Île
Gevaar	Danger
Goud	Or
Grot	Grotte
Kaart	Carte
Kapitein	Capitaine
Kompas	Boussole
Legende	Légende
Litteken	Cicatrice
Oceaan	Océan
Papegaai	Perroquet
Rum	Rhum
Schat	Trésor
Slecht	Mauvais
Strand	Plage
Vlag	Drapeau
Zwaard	Épée

Regenwoud
Forêt Tropicale

Amfibieën	Amphibiens
Behoud	Préservation
Botanisch	Botanique
Diversiteit	Diversité
Gemeenschap	Communauté
Inheems	Indigène
Insecten	Insectes
Jungle	Jungle
Klimaat	Climat
Mos	Mousse
Natuur	Nature
Overleving	Survie
Respect	Respect
Restauratie	Restauration
Soort	Espèce
Toevlucht	Refuge
Vogels	Oiseaux
Waardevol	Précieux
Wolken	Nuage
Zoogdieren	Mammifères

Restaurant #1
Restaurant #1

Allergie	Allergie
Bord	Assiette
Brood	Pain
Ingrediënten	Ingrédients
Kassier	Caissier
Keuken	Cuisine
Kip	Poulet
Koffie	Café
Kom	Bol
Menu	Menu
Mes	Couteau
Pittig	Épicé
Reservering	Réservation
Saus	Sauce
Serveerster	Serveuse
Servet	Serviette
Toetje	Dessert
Vlees	Viande
Voedsel	Nourriture

Restaurant #2
Restaurant #2

Cake	Gâteau
Diner	Dîner
Drank	Boisson
Eieren	Oeuf
Fruit	Fruit
Groente	Légumes
Heerlijk	Délicieux
Ijs	Glace
Lepel	Cuillère
Lunch	Déjeuner
Noedels	Nouilles
Ober	Serveur
Salade	Salade
Soep	Soupe
Specerijen	Épices
Stoel	Chaise
Vis	Poisson
Vork	Fourchette
Water	Eau
Zout	Sel

Rijden
Conduite

Auto	Voiture
Brandstof	Carburant
Garage	Garage
Gas	Gaz
Gevaar	Danger
Kaart	Carte
Licentie	Licence
Motor	Moteur
Motorfiets	Moto
Ongeluk	Accident
Politie	Police
Remmen	Freins
Snelheid	Vitesse
Straat	Rue
Tunnel	Tunnel
Veiligheid	Sécurité
Verkeer	Trafic
Voetganger	Piéton
Vrachtauto	Camion
Weg	Route

Schaken
Échecs

Diagonaal	Diagonal
Kampioen	Champion
Koning	Roi
Koningin	Reine
Leren	Apprendre
Offer	Sacrifice
Passief	Passif
Punten	Points
Reglement	Règles
Slim	Intelligent
Spel	Jeu
Speler	Joueur
Strategie	Stratégie
Tegenstander	Adversaire
Tijd	Temps
Toernooi	Tournoi
Uitdagingen	Défis
Wedstrijd	Concours
Wit	Blanc
Zwart	Noir

School #1
École #1

Alfabet	Alphabet
Antwoorden	Réponses
Bibliotheek	Bibliothèque
Boeken	Livres
Bureau	Bureau
Cijfers	Nombres
Examens	Examens
Leraar	Enseignant
Leren	Apprendre
Lunch	Déjeuner
Mappen	Dossiers
Markeringen	Marqueurs
Papier	Papier
Pennen	Des Stylos
Plezier	Amusement
Potlood	Crayon
Quiz	Quiz
Stoel	Chaise
Vrienden	Amis
Wiskunde	Math

School #2
École #2

Academisch	Académique
Bibliotheek	Bibliothèque
Bus	Bus
Computer	Ordinateur
Grammatica	Grammaire
Huiswerk	Devoirs
Kalender	Calendrier
Leraar	Enseignant
Literatuur	Littérature
Onderwijs	Éducation
Papier	Papier
Pennen	Des Stylos
Potlood	Crayon
Rugzak	Sac à Dos
Schaar	Ciseaux
Schoenen	Chaussures
Weekend	Week-Ends
Wetenschap	Science
Wiskunde	Math
Woordenboek	Dictionnaire

Specerijen
Épices

Anijs	Anis
Bitter	Amer
Fenegriek	Fenugrec
Gember	Gingembre
Kaneel	Cannelle
Kardemom	Cardamome
Kerrie	Curry
Knoflook	Ail
Komijn	Cumin
Koriander	Coriandre
Kruidnagel	Girofle
Nootmuskaat	Muscade
Paprika	Paprika
Saffraan	Safran
Smaak	Saveur
Ui	Oignon
Vanille	Vanille
Venkel	Fenouil
Zoet	Doux
Zout	Sel

Speelgoed
Jouets

Ambachten	Artisanat
Auto	Voiture
Bal	Balle
Boeken	Livres
Boot	Bateau
Drums	Tambours
Favoriet	Favori
Fiets	Vélo
Games	Jeux
Klei	Argile
Pop	Poupée
Puzzel	Puzzle
Robot	Robot
Schaak	Échecs
Trein	Train
Verbeelding	Imagination
Verf	Peinture
Vlieger	Cerf-Volant
Vliegtuig	Avion
Vrachtauto	Camion

Sport
Sports

Atleet	Athlète
Basketbal	Basket-Ball
Beweging	Mouvement
Fiets	Vélo
Golf	Golf
Gymnasium	Gymnase
Gymnastiek	Gymnastique
Hockey	Hockey
Honkbal	Base-Ball
Kampioenschap	Championnat
Scheidsrechter	Arbitre
Spel	Jeu
Speler	Joueur
Stadion	Stade
Team	Équipe
Tennis	Tennis
Trainer	Entraîneur
Winnaar	Gagnant
Zwemmen	Nager

Stad
Ville

Apotheek	Pharmacie
Bakkerij	Boulangerie
Bank	Banque
Bibliotheek	Bibliothèque
Bioscoop	Cinéma
Bloemist	Fleuriste
Boekhandel	Librairie
Dierentuin	Zoo
Galerij	Galerie
Hotel	Hôtel
Kliniek	Clinique
Luchthaven	Aéroport
Markt	Marché
Museum	Musée
School	École
Stadion	Stade
Supermarkt	Supermarché
Theater	Théâtre
Universiteit	Université
Winkel	Magasin

Strand
Plage

Blauw	Bleu
Boot	Bateau
Dok	Dock
Eiland	Île
Handdoek	Serviette
Krab	Crabe
Kust	Côte
Lagune	Lagune
Oceaan	Océan
Paraplu	Parapluie
Rif	Récif
Sandalen	Sandales
Schelpen	Coquilles
Vakantie	Vacances
Zand	Sable
Zee	Mer
Zeilboot	Voilier
Zon	Soleil
Zwemmen	Nager

Surfen
Surf

Atleet	Athlète
Beginner	Débutant
Extreem	Extrême
Golf	Vague
Kampioen	Champion
Kracht	Force
Maag	Estomac
Menigte	Foules
Oceaan	Océan
Peddelen	Pagaie
Plezier	Amusement
Populair	Populaire
Rif	Récif
Schuim	Mousse
Snelheid	Vitesse
Stijl	Style
Strand	Plage
Weer	Météo
Zwemmen	Nager

Technologie
Technologie

Bericht	Message
Bestand	Fichier
Blog	Blog
Browser	Navigateur
Bytes	Octets
Camera	Caméra
Computer	Ordinateur
Cursor	Curseur
Digitaal	Numérique
Gegevens	Données
Internet	Internet
Lettertype	Police
Onderzoek	Recherche
Scherm	Écran
Software	Logiciel
Statistiek	Statistiques
Veiligheid	Sécurité
Virtueel	Virtuel
Virus	Virus

Tijd
Temps

Dag	Jour
Decennium	Décennie
Eeuw	Siècle
Gisteren	Hier
Jaar	Année
Jaarlijks	Annuel
Kalender	Calendrier
Klok	Horloge
Maand	Mois
Middag	Midi
Minuut	Minute
Morgen	Demain
Na	Après
Nacht	Nuit
Nu	Maintenant
Ochtend	Matin
Toekomst	Futur
Uur	Heure
Vandaag	Aujourd'Hui
Week	Semaine

Tuin
Jardin

Bank	Banc
Bloem	Fleur
Boom	Arbre
Boomgaard	Verger
Garage	Garage
Gazon	Pelouse
Gras	Herbe
Hangmat	Hamac
Hark	Râteau
Hek	Clôture
Rotsen	Roches
Schop	Pelle
Slang	Tuyau
Struik	Buisson
Terras	Terrasse
Trampoline	Trampoline
Tuin	Jardin
Veranda	Porche
Vijver	Étang
Wijnstok	Vigne

Vakantie #2
Vacances #2

Bestemming	Destination
Buitenlander	Étranger
Eiland	Île
Hotel	Hôtel
Kaart	Carte
Kamperen	Camping
Luchthaven	Aéroport
Paspoort	Passeport
Reis	Voyage
Reserveringen	Réservations
Restaurant	Restaurant
Strand	Plage
Taxi	Taxi
Tent	Tente
Trein	Train
Vakantie	Vacances
Vervoer	Transport
Visum	Visa
Vrije Tijd	Loisir
Zee	Mer

Verjaardag
Anniversaire

Blij	Joyeux
Cake	Gâteau
Dag	Jour
Geboren	Né
Gelukkig	Heureux
Geschenk	Cadeau
Jaar	Année
Jong	Jeune
Kaarsen	Bougies
Kaarten	Cartes
Kalender	Calendrier
Leren	Apprendre
Lied	Chanson
Plezier	Amusement
Speciaal	Spécial
Tijd	Temps
Uitnodigingen	Invitations
Viering	Fête
Vrienden	Amis
Wijsheid	Sagesse

Vissen
Pêche

Aas	Appât
Apparatuur	Équipement
Boot	Bateau
Draad	Fil
Geduld	Patience
Gewicht	Poids
Haak	Crochet
Kaak	Mâchoire
Kieuwen	Branchies
Kok	Cuire
Mand	Panier
Meer	Lac
Oceaan	Océan
Overdrijving	Exagération
Rivier	Fleuve
Seizoen	Saison
Strand	Plage
Water	Eau

Vliegtuigen
Avions

Afdaling	Descente
Atmosfeer	Atmosphère
Avontuur	Aventure
Ballon	Ballon
Bemanning	Équipage
Bouw	Construction
Brandstof	Carburant
Geschiedenis	Histoire
Hemel	Ciel
Hoogte	Hauteur
Landen	Atterrissage
Lucht	Air
Motor	Moteur
Navigeren	Naviguer
Ontwerp	Design
Passagier	Passager
Piloot	Pilote
Richting	Direction
Turbulentie	Turbulence
Waterstof	Hydrogène

Voeding
Nutrition

Bitter	Amer
Calorieën	Calories
Dieet	Diète
Eetbaar	Comestible
Eetlust	Appétit
Eiwitten	Protéines
Evenwichtig	Équilibré
Fermentatie	Fermentation
Gewicht	Poids
Gezond	Sain
Gezondheid	Santé
Koolhydraten	Glucides
Kwaliteit	Qualité
Saus	Sauce
Smaak	Saveur
Spijsvertering	Digestion
Toxine	Toxine
Vitamine	Vitamine
Vloeistoffen	Liquides
Voedingsstof	Nutritif

Voertuigen
Véhicules

Ambulance	Ambulance
Auto	Voiture
Banden	Pneus
Boot	Bateau
Bus	Bus
Caravan	Caravane
Fiets	Vélo
Helikopter	Hélicoptère
Metro	Métro
Motor	Moteur
Onderzeeër	Sous-Marin
Raket	Fusée
Scooter	Scooter
Taxi	Taxi
Tractor	Tracteur
Trein	Train
Veerboot	Ferry
Vliegtuig	Avion
Vlot	Radeau
Vrachtauto	Camion

Vogels
Oiseaux

Duif	Colombe
Eend	Canard
Ei	Oeuf
Flamingo	Flamant
Gans	Oie
Kip	Poulet
Koekoek	Coucou
Kraai	Corbeau
Meeuw	Mouette
Mus	Moineau
Ooievaar	Cigogne
Papegaai	Perroquet
Pauw	Paon
Pelikaan	Pélican
Pinguïn	Manchot
Reiger	Héron
Struisvogel	Autruche
Toekan	Toucan
Uil	Hibou
Zwaan	Cygne

Vormen
Formes

Bol	Sphère
Boog	Arc
Cilinder	Cylindre
Cirkel	Cercle
Curve	Courbe
Driehoek	Triangle
Hoek	Coin
Hyperbool	Hyperbole
Kant	Côté
Kegel	Cône
Kubus	Cube
Lijn	Ligne
Ovaal	Ovale
Piramide	Pyramide
Prisma	Prisme
Randen	Bords
Rechthoek	Rectangle
Ronde	Rond
Veelhoek	Polygone
Vierkant	Carré

Wandelen
Randonnée

Berg	Montagne
Dieren	Animaux
Gevaren	Dangers
Kaart	Carte
Kamperen	Camping
Klif	Falaise
Klimaat	Climat
Laarzen	Bottes
Moe	Fatigué
Muggen	Moustiques
Natuur	Nature
Oriëntatie	Orientation
Parken	Parcs
Stenen	Pierres
Top	Sommet
Voorbereiding	Préparation
Water	Eau
Wild	Sauvage
Zon	Soleil
Zwaar	Lourd

Water
Eau

Douche	Douche
Drinkbaar	Potable
Geiser	Geyser
Golven	Vagues
Ijs	Glace
Irrigatie	Irrigation
Kanaal	Canal
Meer	Lac
Moesson	Mousson
Oceaan	Océan
Orkaan	Ouragan
Overstroming	Inondation
Regen	Pluie
Rivier	Fleuve
Sneeuw	Neige
Stoom	Vapeur
Verdamping	Évaporation
Vochtig	Humide
Vochtigheid	Humidité
Vorst	Gel

Weersomstandigheden
Météo

Atmosfeer	Atmosphère
Bliksem	Éclair
Donder	Tonnerre
Droogte	Sécheresse
Hemel	Ciel
Ijs	Glace
Klimaat	Climat
Mist	Brouillard
Moesson	Mousson
Orkaan	Ouragan
Overstroming	Inondation
Polair	Polaire
Regenboog	Arc-En-Ciel
Storm	Tempête
Temperatuur	Température
Tornado	Tornade
Tropisch	Tropical
Vochtig	Humide
Wind	Vent
Wolk	Nuage

Wetenschap
Science

Atoom	Atome
Chemisch	Chimique
Deeltjes	Particules
Evolutie	Évolution
Experiment	Expérience
Feit	Fait
Fossiel	Fossile
Gegevens	Données
Hypothese	Hypothèse
Klimaat	Climat
Laboratorium	Laboratoire
Methode	Méthode
Mineralen	Minéraux
Moleculen	Molécules
Natuur	Nature
Natuurkunde	Physique
Observatie	Observation
Organisme	Organisme
Wetenschapper	Scientifique
Zwaartekracht	Gravité

Wetenschappelijke Discip
Disciplines Scientifiques

Anatomie	Anatomie
Archeologie	Archéologie
Astronomie	Astronomie
Biochemie	Biochimie
Biologie	Biologie
Chemie	Chimie
Ecologie	Écologie
Fysiologie	Physiologie
Geologie	Géologie
Immunologie	Immunologie
Mechanica	Mécanique
Meteorologie	Météorologie
Mineralogie	Minéralogie
Neurologie	Neurologie
Plantkunde	Botanique
Psychologie	Psychologie
Robotica	Robotique
Sociologie	Sociologie
Voeding	Nutrition
Zoölogie	Zoologie

Wiskunde
Mathématiques

Bol	Sphère
Decimaal	Décimal
Diameter	Diamètre
Divisie	Division
Driehoek	Triangle
Exponent	Exposant
Fractie	Fraction
Geometrie	Géométrie
Hoeken	Angles
Omtrek	Circonférence
Parallel	Parallèle
Rechthoek	Rectangle
Rekenkundig	Arithmétique
Som	Somme
Straal	Rayon
Symmetrie	Symétrie
Veelhoek	Polygone
Vergelijking	Équation
Vierkant	Carré
Volume	Volume

Zomer
Été

Boeken	Livres
Duiken	Plongée
Familie	Famille
Games	Jeux
Kamperen	Camping
Muziek	Musique
Ontspanning	Relaxation
Reis	Voyage
Sandalen	Sandales
Sterren	Étoiles
Strand	Plage
Tuin	Jardin
Vakantie	Vacances
Voedsel	Nourriture
Vreugde	Joie
Vrienden	Amis
Vrije Tijd	Loisir
Zee	Mer
Zwemmen	Nager

Zoogdieren
Mammifères

Aap	Singe
Bever	Castor
Coyote	Coyote
Dolfijn	Dauphin
Ezel	Âne
Geit	Chèvre
Giraf	Girafe
Gorilla	Gorille
Hond	Chien
Kameel	Chameau
Kangoeroe	Kangourou
Kat	Chat
Konijn	Lapin
Leeuw	Lion
Olifant	Éléphant
Paard	Cheval
Stier	Taureau
Vos	Renard
Walvis	Baleine
Wolf	Loup

Gefeliciteerd

Je hebt het gehaald!

We hopen dat u net zoveel plezier beleeft aan dit boek als wij aan het maken ervan. We doen ons best om spellen van hoge kwaliteit te maken.
Deze puzzels zijn op een slimme manier ontworpen zodat je actief kunt leren terwijl je plezier hebt!

Vond je ze mooi?

Een Eenvoudig Verzoek

Onze boeken bestaan dankzij de recensies die zij publiceren.
Kunt u ons helpen door nu een mening achter te laten ?

Hier is een korte link die u naar uw
bestellingen beoordelingspagina.

BestBooksActivity.com/Recensie50

FINAAL UITDAGING!

Uitdaging nr. 1

Klaar voor uw bonusspel? We gebruiken ze de hele tijd, maar ze zijn niet zo gemakkelijk te vinden. Hier zijn **Synoniemen!**

Noteer 5 woorden die je ontdekt hebt in elk van de onderstaande puzzels (nr. 21, nr. 36, nr. 76) en probeer voor elk woord 2 synoniemen te vinden.

Notitie 5 Woorden uit *Puzzle 21*

Woorden	Synoniem 1	Synoniem 2

Notitie 5 Woorden uit *Puzzle 36*

Woorden	Synoniem 1	Synoniem 2

Notitie 5 Woorden uit *Puzzle 76*

Woorden	Synoniem 1	Synoniem 2

Uitdaging nr. 2

Nu je opgewarmd bent, noteer 5 woorden die je ontdekt hebt in elke hieron-
der genoteerde puzzel (nr. 9, nr. 17, nr. 25) en probeer voor elk woord 2
antoniemen te vinden. Hoeveel regels kan je doen in 20 minuten?

Notitie 5 Woorden uit *Puzzle 9*

Woorden	Antoniem 1	Antoniem 2

Notitie 5 Woorden uit *Puzzle 17*

Woorden	Antoniem 1	Antoniem 2

Notitie 5 Woorden uit *Puzzle 25*

Woorden	Antoniem 1	Antoniem 2

Uitdaging nr. 3

Prachtig, deze finaal uitdaging is makkelijk voor jou!

Klaar voor de laatste? Kies je 10 favoriete woorden die je in een van de puzzels hebt ontdekt en noteer ze hieronder.

1.	6.
2.	7.
3.	8.
4.	9.
5.	10.

De uitdaging is nu om met deze woorden en binnen een maximum van zes zinnen een tekst te schrijven over een persoon, dier of plaats waar je van houdt!

Tip: U kunt de laatste blanco pagina van dit boek als kladblaadje gebruiken!

Je schrijven:

NOTITIEBOEKJE:

TOT SNEL!

Linguas Classics

www.ingramcontent.com/pod-product-compliance
Lightning Source LLC
Chambersburg PA
CBHW080330081025
33727CB00017B/1863